轻与重
FESTINA LENTE

姜丹丹 何乏笔（Fabian Heubel）主编

我们必须给历史分期吗？

［法］雅克·勒高夫 著　杨嘉彦 译

Jacques Le Goff
Faut-il vraiment découper l'histoire en tranches ?

华东师范大学出版社 ｜ 上海

华东师范大学出版社六点分社　策划

主 编 的 话

1

时下距京师同文馆设立推动西学东渐之兴起已有一百五十载。百余年来，尤其是近三十年，西学移译林林总总，汗牛充栋，累积了一代又一代中国学人从西方寻找出路的理想，以至当下中国人提出问题、关注问题、思考问题的进路和理路深受各种各样的西学所规定，而由此引发的新问题也往往被归咎于西方的影响。处在21世纪中西文化交流的新情境里，如何在译介西学时作出新的选择，又如何以新的思想姿态回应，成为我们必须重新思考的一个严峻问题。

2

　　自晚清以来，中国一代又一代知识分子一直面临着现代性的冲击所带来的种种尖锐的提问：传统是否构成现代化进程的障碍？在中西古今的碰撞与磨合中，重构中华文化的身份与主体性如何得以实现？"五四"新文化运动带来的"中西、古今"的对立倾向能否彻底扭转？在历经沧桑之后，当下的中国经济崛起，如何重新激发中华文化生生不息的活力？在对现代性的批判与反思中，当代西方文明形态的理想模式一再经历祛魅，西方对中国的意义已然发生结构性的改变。但问题是：以何种态度应答这一改变？

　　中华文化的复兴，召唤对新时代所提出的精神挑战的深刻自觉，与此同时，也需要在更广阔、更细致的层面上展开文化的互动，在更深入、更充盈的跨文化思考中重建经典，既包括对古典的历史文化资源的梳理与考察，也包含对已成为古典的"现代经典"的体认与奠定。

面对种种历史危机与社会转型，欧洲学人选择一次又一次地重新解读欧洲的经典，既谦卑地尊重历史文化的真理内涵，又有抱负地重新连结文明的精神巨链，从当代问题出发，进行批判性重建。这种重新出发和叩问的勇气，值得借鉴。

3

一只螃蟹，一只蝴蝶，铸型了古罗马皇帝奥古斯都的一枚金币图案，象征一个明君应具备的双重品质，演绎了奥古斯都的座右铭："FESTINA LENTE"（慢慢地，快进）。我们化用为"轻与重"文丛的图标，旨在传递这种悠远的隐喻：轻与重，或曰：快与慢。

轻，则快，隐喻思想灵动自由；重，则慢，象征诗意栖息大地。蝴蝶之轻灵，宛如对思想芬芳的追逐，朝圣"空气的神灵"；螃蟹之沉稳，恰似对文化土壤的立足，依托"土地的重量"。

在文艺复兴时期的人文主义那里，这种悖论演绎出一种智慧：审慎的精神与平衡的探求。思想的表达和传播，快者，易乱；慢者，易坠。故既要审慎，又求平衡。在此，可这样领会：该快时当快，坚守一种持续不断的开拓与创造；该慢时宜慢，保有一份不可或缺的耐心沉潜与深耕。用不逃避重负的态度面向传统耕耘与劳作，期待思想的轻盈转化与超越。

4

"轻与重"文丛，特别注重选择在欧洲（德法尤甚）与主流思想形态相平行的一种称作 essai（随笔）的文本。Essai 的词源有"平衡"（exagium）的涵义，也与考量、检验（examen）的精细联结在一起，且隐含"尝试"的意味。

这种文本孕育出的思想表达形态，承袭了从蒙田、帕斯卡尔到卢梭、尼采的传统，在 20 世纪，经过从本雅明到阿多诺，从柏格森到萨特、罗兰·巴特、福柯等诸位思想大师的传承，发展为一种富有活力的知性实践，形成一种求索和传达真理的风格。Essai，远不只是一种书写的风格，也成为一种思考与存在的方式。既体现思索个体的主体性与节奏，又承载历史文化的积淀与转化，融思辨与感触、考证与诠释为一炉。

选择这样的文本，意在不渲染一种思潮、不言说一套学说或理论，而是传达西方学人如何在错综复杂的问题场域提问和解析，进而透彻理解西方学人对自身历史文化的自觉，对自身文明既自信又质疑、既肯定又批判的根本所在，而这恰恰是汉语学界还需要深思的。

提供这样的思想文化资源，旨在分享西方学者深入认知与解读欧洲经典的各种方式与问题意识，引领中国读者进一步思索传统与现代、古典文化与当代处境的复杂关系，进而为汉语学界重返中国经典研究、回应西方的经典重建做好更坚实的准备，为文化之间的平等对话创造可能性的条件。

是为序。

姜丹丹（Dandan Jiang）

何乏笔（Fabian Heubel）

2012 年 7 月

目　录

1

前　言

这部随笔(Essai)既不是一篇论文也不是一部概论,而是我长期研究的一项成果:对历史、对西方各历史时期的思考,而在这种思考中,中世纪自 1950 年以来一直陪伴着我。时光还要追溯到我参加高中教师资格会考的时候,考试评委会的主席是费尔南·布罗代尔,中世纪史部分的主考则是莫里斯·隆巴尔(Maurice Lombard)。

这部作品我已经酝酿了很长时间,里面的许多想法我不仅烂熟于心,而且有的我已经在不同的地方以多种方式表达出来①。

---

① 　见我于 1980 年到 2004 年在《历史杂志》(*L'Histoire*)(转下页注)

由于时间是历史的素材，历史首先是连续的。但是它也被许多变化所左右。很长时间以来，专家们就试图标记以及定义这些变化，并且在连续性中将它们分割成诸多的切面，我们先是称它们为历史"年代"，随后称为历史"时期"。

这部线索书(livre-parcours)写于"全球化"的日常效果越来越明显的 2013 年，它回顾了构思历史分期的不同方式：连续性，断裂，思考历史记忆的方法。

不过在我看来，研究历史分期的不同类型可以衬托出我们所称为的"漫长的中世纪"，尤其是当我们同时重新考虑自 19 世纪以来我们赋予"文艺复兴"的意义以及"文艺复兴"的中心性。

换言之，在处理由一个时期过渡到另一个时期这一笼统问题时，我关注的是一个特例，即"文艺复兴"所谓的新颖性以及它与中世纪的关系。本书同样也阐明了漫长的西方中世纪(从古代后期[3 世纪到 7 世纪]一直延续

(接上页注)上发表的各种访谈与文章，结集于《一个漫长的中世纪》(*Un long Moyen Âge*)一书(Paris, Tallandier, 2004 年，Hachette, «pluriel»，2010 年再版)。

到 18 世纪中叶)诸多最主要的特点。

这样的主张并不是要回避我们所具有的历史全球化的意识。现在与未来都在促使历史学的每一个领域对历史分期系统进行更新。这部探索性的书也愿意为这项必要的工作做出贡献①。

如果说"文艺复兴"的"中心性"是本书的核心,那么提出的问题还是主要涉及历史分期的概念。这些问题也促使我们更新对中世纪所持的往往过于狭隘的历史观,而这样的一个中世纪,我带着极大的热情已经将整个学术生涯都献给了它。

我们现在要知道的是,历史是一以贯之的还是被分成一块一块的。或者,是不是应该将历史切割成片状?

通过理清这些历史学的问题,本书希望对同全球化历史相关联的新思考做出一点微不足道的贡献。

---

① 本书末尾的参考文献可以让读者通过其他的阅读,继续深入本书讨论得不够充分的诸多问题。

序

自人类诞生起，人类所面对的一个根本问题就是要掌握时间。日历可以让人类安排日常生活，因为日历几乎总是与自然的秩序相联系，两个最主要的参照就是太阳和月亮。但是一般来讲，日历定义的是一个周期性或一年的时间，它无助于思考更长的时间。然而，如果人类直到现在还是不能准确地预见未来，那么掌握它漫长的过去就成了重要的事情。

为了整理过去，我们求助于不同的词，比如我们说过的"年代"（âges）、"时代"（époques）以及"周期"（cycles）。但是在我看来比较合适的是"时期"（périodes）这个词。"时期"这个词来源于希腊语 *periodos* [①]，它指的是路的循环。这个词在 14 到 18 世纪是"一段时间"(laps de temps)或是"年代"的意思。在 20 世纪，它派生出"历史分期"(périodisation)的形式。

"历史分期"这个词是本书的一条主线。它表明的是人类在某一时间的活动，并且强调的是这样的分期不是中立的。人们将时间切割成时期的理由常常来自于某些定义，这些定义强调了人们赋予这些时期的意义与价值，因此在这里我们就要把这些不言自明的理由加以突出。

无论是研究社会演变或是突出历史教学的特殊性，还是简单地讨论时间的展开，如果我们要思考历史普遍

---

① R. Valéry et O. Dumoulin（编），《时期。历史时间的建构。第五届"历史到现在"研讨会论文集》(*Périodes. La constructiondu temps historique. Actes du V'colloque d'Histoire au présent*)，Paris，Éd. de l'EHESS，1991 年；J. Leduc，"时期，历史分期"(« Période, périodisation »)，载 Chr. Delacroix，Fr. Dosse，P. Garcia et N. Offenstadt（编），《历史编纂学，概念和争论之二》(*Historiographies, Concepts et débats II*)，Paris，Gallimard，« folio Histoire »，2010 年，第 830—838 页；至于"年代"(«Âge»)，见 A. Luneau，《教父著作中的救赎历史，世界年代的信条》(*L'Histoire du salut chez les Pères de l'Église, la doctrine des âges du monde*)，Paris，Beauchesne，1964 年；"时代"(«Époque»)一词被克日什多夫·波米安(Krzysztof Pomian)保留在他的巨著《时间的秩序》(*L'ordre du temps*)中，Paris，Gallimard，1984 年，第三章"诸时代"(« Époques »)，第 101—163 页。

的意义,那么将时间切割成各个时期是有必要的。但是这种切割不是简单地按年代表进行,它应该也体现出过渡、转折的理念,甚至要突出前一时期的社会、价值同后一时期的不同。所以,时期有着特殊的含义;对于历史学家来说,无论是在它们之间的承接、暂时的连续性,抑或承接过程中所引起的断裂,总之各个时期构成了思考的本质客体。

这本小册子就是要研究习惯上我们所称之为的"中世纪"与"文艺复兴"的关系。由于这些概念都产生于历史发展的过程中,我将特别关注它们所出现的时代以及它们所要传达的意思。

我们常常试图把"时期"与"世纪"(siècles)相结合,而"世纪"这个词只是从16世纪开始才被用来表示"一百年的时期",即从"00"年开始到下一个"00"年结束。以前,拉丁语 *saeculum* 表示的是日常的世界(生活在世纪之中),或者是一段比较短、不好划定的时期,这样的时期通常以一个伟大人物的名字来命名,从而为这一时期增添光彩,比如"伯里克利的世纪""凯撒的世纪"等等。世纪的概念也有其不足。某个"00"年很少是社会生活发生断裂的那一年。所以某个世纪开始的那一年常常在元年之前或之后，有时候比一百年长，有时候不到一百年就停止了。对于历史学家来说，18世纪开始于1715年，而20世纪开始于1914年。尽管有诸多的瑕疵，对于历史学家以及需要参考过去的大多数人来说，世纪仍然是一个必不可少的编年工具。

但是时期与世纪并不是在满足同一种需求。即使有时候凑巧重叠在一起，也是出于方便的考虑。比如，19世纪引入的"文艺复兴"一词，已经成为一个时期的标志，我们试图让它与一个或几个世纪相吻合。然而文艺复兴是从什么时候开始的？15世纪还是16世纪？很显然我们常常苦于论证出某一时期的开始。我们在下文中会看到，解决这一棘手问题的办法是非常有意义的。

如果历史分期帮助我们掌控时间或者是帮助我们使用它，它有时会使评估过去的问题显现出来。对历史进行分期是一项复杂的活动，充满了主观性和辛勤的努力，为的是得到一个让大多数人都满意的结果。所以我认为，这是一个令人激动的历史研究对象。

在结束这篇序之前，正如贝尔纳·盖内（Bernard

Guenée)所特别做的①,我想强调的是,我们所称的"历史,社会科学"随着时间的发展已经成为一门学问的对象,这门学问如果还不算那么的"科学",至少它是合理的。当这门建立在整个人类基础之上的学问在 18 世纪进入到大学以及中小学的时候,它才真正创立。教学实际上是作为知识的历史的试金石。为了理解历史分期的历史,重温这一背景很重要。

---

① Bernard Guenée,词条"历史",载勒高夫和让-克劳德·施密特(主编),《中世纪西方的理性词典》(*Dictionnaire raisonnée de l'Occident médiéval*),Paris, Fayard, 1999 年,第 483—496 页。

第一章
旧的历史分期

在正式进入历史学与历史研究之前,时期概念就已经被用来描述过去。这种对时间的划分尤其出现在宗教作品中,以用来注明宗教准则或者对圣书提到的人物进行索引。我的目的是说明历史分期给学科以及西方文化、社会实践所带来的影响,我着重想要介绍的是历史分期在欧洲的运用,而对于其他文明来说,例如玛雅人,他们则使用另外的体系。

最近在帕特里克·布舍隆(Patrick Boucheron)指导下出版的一本合集①,就受到全球化浪潮的启发, 将15

---

① 帕特里克·布舍隆(编),《15 世纪的世界历史》(*Histoire du monde au XVᵉsiècle*),Paris, Fayrad, 2009 年。

世纪世界上不同国家的情况进行比较,而没有把它们纳入到一个历史分期中。当前,许多人试图颠覆由西方创造并强加的长时段历史分期,为的就是要么寻找一种世界性的单一历史分期,要么为了区分不同文明的历史分期,而在菲利普·诺雷尔(Philippe Norel)的《全球经济史》一书的结论中[①],他为我们提供了一张从公元前 1000 年到我们当下各主要文明发展的图表。

犹太-基督教传统主要主张两种历史分期的模式,分别用的是有象征意义的数字:数字"4"是四个季节,数字"6"代表生命的六个时期。我们不仅可以看到一种平行的观念,而且也注意到个体生命的编年与世界年代的编年之间的相互影响[②]。

第一种历史分期模式是但以理(Daniel)在《旧约》中的模式。先知但以理在异象中看到四只兽,它们化身为四个连续的王国,这四个王国构成了世界从诞生到结束

---

① 菲利普·诺雷尔,《全球经济史》(*L'Histoire économique globale*),Paris, Seuil, 2009 年,第 243—246 页。

② A. Paravicini Bagliani,"生命的年代"(«Âge de la vie»),载勒高夫与施密特(主编),《中世纪西方的理性词典》,前揭,第 7—19 页。

的完整时间。这四只兽,即四个王国的国王,前一个相继被后一个所吞食。第四个国王想要改变节期,但是他向至高者说了大话并被审判者夺去了权力。而一位像人子的人驾天云而来,得到了至高者所赋予他的权力、荣耀和国度,各族、各国的人都侍奉他。他的王国是永恒的,既不会消失也不会被消灭①。

正如克日什多夫·波米安(Krzysztof Pomian)所指出的,特别是在12世纪以后,但以理提出的历史分期方法被编年史家和神学家重新使用②。他们将权力转移(translatio imperii)这个观点向前推进,该观点使得神圣罗马帝国成为但以理最后一个王国的继承者。在16世纪,梅兰希通(Melanchthon,1497—1560)将世界历史划分为四个王朝。在1557年,但以理的历史分期法也出现在约翰·斯雷当(Jean Sleidan,1506?—1556)的《四个主权帝国三书,即巴比伦、波斯、希腊以及罗马帝国》(*Trois Livres des quatre empires souveraine*, *à savoir de Babylone*, *de Perse*, *de Grèce et de Rome*)中。

---

① 但以理,VII,13—28。
② 见波米安,《时间的秩序》,前揭,第107页。

另一种犹太-基督的历史分期模式来自于中世纪基督教的重要思想来源奥古斯丁，它与但以理的分期方法在同一时期流行。在《上帝之城》(413—427)第九书中，奥古斯丁区分了六个时期：第一个从亚当到诺亚，第二个从诺亚到亚伯拉罕，第三个从亚伯拉罕到大卫，第四个从大卫到巴比伦之囚，第五个从巴比伦之囚到耶稣的诞生，第六个一直持续到时间的终结。

但以理与奥古斯丁在划分时间的过程中受到了自然周期的启发。但以理的四个王国对应的是四个季节，而奥古斯丁一方面参照了创世的六天，另一方面对应了人生的六个阶段：幼年(infantia)，童年(pueritia)，青少年(adolescentia)，青年(juventus)，成年(gravitas)，老年(senectus)。但是他们都赋予各自的历史分期方法以象征的意义。在遥远的过去的时间概念中，时期不是中立的序列。对于时间，对于我们在漫长的时间演变中所称的"历史"①，这两种分期方

---

① 我要提醒的是，一方面存在着创造或使用历史时期的人，另一方面也存在创造或使用日历的人，即我们所称的编年史家(chronographes)，历史编纂学家弗朗索瓦·阿尔托格(François Hartog)已经完美地对他们进行了定义和介绍：见"时间的顺序：编年史，编年（**转下页注**）

法体现出不同的观念。

但以理向波斯国王尼布甲尼撒二世讲述四个时期的同时，也指出每个王国相对于前一个都是在衰落，直到上帝创造的一个王国，他派来"像人子的人①"（教父们愿意承认他为耶稣）到人间，后者让世界和人类得到永恒。这种历史分期把从原罪产生出来的堕落理论和对永恒未来的信仰相结合，这种永恒虽然但以理没有说，但是言外之意即上帝选民可以得到幸福，入地狱者则进入苦海之中。

奥古斯丁用很大的篇幅强调逐步的衰败，并描绘出人生将在老年的时候获得圆满这样一个画面。他的历史分期奠定了一种悲观编年史理论，这种理论在中世纪早期的许多修道院中常常是主流思想。随着希腊拉丁语语言及文学教程的逐渐消失，没落感以及"世界老去"（mundus senescit）的说法在中世纪的最初一段时间里成为主流。这种世界衰落理论直到 18 世纪都在阻碍着进

（接上页注）史家，历史"(«Ordre des temps: chronographie, chronologie, histoire»)，载《社会科学研究，1910—2010：面对历史挑战的神学和真理》(Recherches de Sciences Sociales , 1910—2010. Théologies et vérités au défi de l'histoire)，Leuven-Paris, Peeters, 2010 年，第 279—280 页。

① "像人子的人"，但以理，VII，13。

步理念的诞生。

然而在奥古斯丁那里我们可以隐约感觉到未来的时间可能会变得更好。在第六个时期，即在耶稣的诞生与最后的审判之间(它提议救赎过去的堕落，并对未来抱有希望)，人通过原罪很快地被腐蚀并且腐蚀时间，但是人还是"按照上帝的样子"被创造。中世纪总是在它自身上找到世界和人类的革新才能，这就是我们不久就要称之为的"重生"。

在考察人为掌握时间而做出的努力时，应该强调一件影响深远的事件：狄奥尼修斯·依希格斯(Denys le Petit)这位居住在罗马的斯基泰作家，在公元 6 世纪提出了以耶稣诞生前后划分时期的方法。诚然，根据专家们对于《新约》最终的研究，依希格斯很有可能是错误的，因为耶稣出生的年份比他提出的年份要早四五年。但这并不重要，重要的是自此在西方，在联合国承认的国际范围内，世界和人类的时间首先是由"耶稣出生前"或"耶稣出生后"来表述。

在 21 世纪初，借助我们所称之为的"全球化"，在许多机构以及不同文化和宗教之间的交流中，诸多的研究以全球视角展开，为的就是把西方的历史分期法强加到其他文明进而将时间全球化。这些研究还有许多不确定性,这些不确定性会对历史分期这项人类重要的工作产生影响。

　　在中世纪的大家中,不乏对奥古斯丁的六时期分期法进行研究的,作者本人与作品同样有影响力的是圣·依西多禄(Isodore de Séville,约 570—636)和他的《编年史》(Chronique),当然还有让他扬名的《词源》(Étymologies);盎格鲁-撒克逊时期的伟大神学家比德(Bede,673—735),特别是他的《论合理的时间》(De temporum ratione)是以一个到 725 年为止的世界年表收尾的。多明我会的博韦的文森特(Vincent de Beauvais,约 1190—1264),一直在华由蒙(Royaumont)修道院修行,他把一套三卷的百科全书献给了法国国王路易九世,即圣路易,其中第三卷《世界之镜》(Speculum historiale)就使用了奥古斯丁的历史分期法。

　　在宗教历史分期的连续性中,中世纪也有其他的时间概念。这里我仅举出最重要的一部作品和它的作者,即多明我会的佛拉金的雅克(Jacques de Voragine,约 1228—1298)。我已经在前一部著作中试图指出,《黄金传说》(La legende dorée)不是像我们长期认为的那样是一部圣徒传记①。它是一部关于描述和解释连续时期的作品,而作为主线的时间是由上帝创造并赐予人类的,并伴随着耶稣的诞生,最后一点至关重要。

按照佛拉金的雅克所说,这个时间由两个原则,即圣徒纪念日周期(sanctoral)和耶稣纪念日周期(temporal)所定义。圣徒纪念日周期以153个圣徒的生活为参照,153是新约捕鱼奇迹中所捕获的鱼的数量,而耶稣纪念日周期则由礼拜仪式及其所反映的上帝与人之间关系的演变来安排。对于佛拉金的雅克来说,时间就是上帝赐予亚当与夏娃的时间,但是他们被原罪所玷污。这个时间由耶稣的道成肉身与死亡而被部分地救赎,在其死后,时间把人类推向了世界末日与最后的审判。

这种分期法将时间分为了四部分。第一,是"迷途"(égarement)的时间,由亚当到摩西。接下来是摩西到耶稣的诞生,即"革新"(rénovation)或"召回"(rappel)时期。耶稣的道成肉身使第三个时期出现,即复活节与圣灵降临节之间,短暂但是至关重要,这就是"和解"(réconciliation)

① 勒高夫,《追忆神圣时代:佛拉金的雅克和黄金传说》(*À la recherche du temps sacré. Jacques de Voragine et la Légende dorée*), Paris, Perrin, 2011年。

时期。最后,就是我们"当下时期",即跋涉(pérégrination)时期,这是凡人们的朝圣时间,他们用行动和怜悯去接受最后审判,要么走向天堂,要么走向地狱。

将世界历史分成四个时期的最惊人的分期方法是由伏尔泰提出的。他在《路易十四时代》(1751 年)中这样写道:

> 所有的时势都造就英雄与政治家;所有的民族都经历过变革;所有的历史对于只想把事实留在记忆里的人来说都是一样的。但是,无论怎样的人思考,这个人有着多么不同的品味,在世界的历史上只有四个时代。这四个幸福时期使艺术臻于完善,塑造了伟大的人类精神,它们是繁荣的榜样。①

伏尔泰也使用了"世纪"(siècle)这个词,表示"一百年"的"世纪"出现在 16 世纪,只是在 17 世纪才被传播,

—————————

① 这一段已经引起了波米安的注意,《时间的秩序》,前揭,第123—125 页。

但伏尔泰并没有用这个词来表示相对较新的意义，他所指的"世纪"，就是对某一时期的一种称颂。伏尔泰认为，第一个时期是古希腊时期，是菲利普、亚历山大、伯里克利、德摩斯梯尼（Démosthène）、亚里士多德、柏拉图等人的时期。第二个是凯撒和奥古斯都的时期，同时代的许多罗马伟大作家都描述过此时期。第三个是"穆罕默德二世占领君士坦丁堡之后"的时期，这个时期主要是在意大利。第四个是路易十四的时期，伏尔泰认为，"这可能是四个时期最接近完美的一个时期"，主要的进步出现在诸多的领域之中，如理性、哲学、艺术、精神、风俗和政府。

这种历史分期法，如果只是呈现四个显著的时代的话，在我们的思考中就是错误的，因为它将其他的时代置于阴影之中。中世纪就在这个阴影之中。伏尔泰因此也认为，比起灿烂的文艺复兴或是现时代来说，中世纪是黑暗的。这样的视角对我们认识意大利 15 世纪下半叶的重要性有很大帮助。

但以理的四王国和奥古斯丁的六时期分期法一直持续到 18 世纪。但是在中世纪出现了一种新的对时间的思考，它在 14 世纪开始成形。

第二章
中世纪的较晚出现

自从狄奥尼修斯·依希格斯①开始,生活在基督教世界中的男人和女人们,至少是在僧侣和世俗精英中间,大家都知道伴随着耶稣的诞生,特别是君士坦丁大帝在公元 4 世纪初皈依基督教,人类进入了一个新的时代(ère)。然而却没有任何对于过去的官方分期方法,仅有的对年代的分割还是耶稣的诞生。对历史进行分期的愿望在 14 与 15 世纪才出现,在这个时期末,这个时期才第一次被定义为"中世纪"。

我们注意到,如果说在中世纪流行的古人和今人的

---

① 前文,第 6 页。

概念或多或少对应的是不信教者和基督徒的概念,奇怪的是,这个时期之前的古代却没有被定义。"古代"(Antiquité)这个词,来自于拉丁语 *antiquitas*,有变老的意思,也就是说在奥古斯丁概念下的基督教时代之前,人类就已经到达了老年。

从 14 世纪开始尤其是在 15 世纪,一些诗人和作家(特别是意大利的)就感觉到,他们在一个全新的氛围中演进,他们自己是这个从未有过的新文化的产物,同时又是它的发起者。所以他们就想以一种轻蔑的方式去定义他们想要幸福地离开的这个时代。如果这个时代是在他们那里终结的,那么它大概就开始于罗马帝国的结束,在他们的眼里,罗马帝国时代是艺术与文化的化身,许多他们并不十分了解的伟大作家通过罗马人奠定了威望,比如荷马、柏拉图(只有亚里士多德在中世纪时被研究)、西塞罗、维吉尔、奥维德等等。他们所要试图定义的这个时代有一个显著的特点,就是它是想象的古代和想象的现代之间的一个中介,他们就把这样一种特性划定为"中间的时代"(*media aetas*)。

第一个使用这种表达的是 14 世纪意大利伟大的诗人彼特拉克（Pétraque, 1304—1374）。在 15 世纪，特别是在佛罗伦萨，他被许多诗人，尤其是哲学家、道德家所追随。大家都有意体现出一种新的道德与价值，在这其中，人在他的德性、权力、条件中所树立的要胜过上帝、使徒、圣徒的优越性——这就是他们所致力于成为的"人文主义者"名称的来历。在教皇图书馆管理员、被认为是卓越的人文主义者乔瓦尼·安德烈（Giovanni Andrea Bussi, 1417—1475）的著作中，他在 1469 年第一次使用了"中世纪"这个词，并且由此将年代进行了分期：他区分了"中间时代（*media tempestas*）的古人与我们这个时代的现代人"。

但是，"中世纪"这样的表达在 17 世纪以前并没有被广泛地采用。在法国、意大利以及英国，在 16 世纪尤其是在 17 世纪，我们常说的是"封建制"（*féodalité*）。而且，在英国，"黑暗时代"（*dark ages*）这个表达越来越多地被学者采纳并用来指称这个时代。1688 年，德国路德教历史学家克里斯多夫·塞拉里乌斯（Christoph Cellarius）在他的《世界通史》第二卷中，首先定义了中世纪，其作为一个时代开始于君士坦丁大帝，结束于 1453 年君士坦丁堡的陷落①。这样的表达或者与之近似的表达由 18 世纪哲人(从莱布尼茨到卢梭)的大获全胜而完成。

　　不过,要等到 19 世纪以及浪漫主义运动的时候,中世纪才丢掉它带有否定意义的内涵,并且开始散发出一些光芒:在雨果的《巴黎圣母院》中,或者随着法国国立文献学院(l'École nationale des chartes)在 1821 年的成立,抑或随着 1819 年到 1824 年《德意志史料集成》(*Monumenta Germaniae Historica*)——出版了许多关于古德国尤其是中世纪德国的原始资料——整理编纂项目在德国的启动。在 1840 年,维克多·库辛(Victor Cousin)就写道:"在对中世纪指责、亵渎、不屑一顾之后,在第一时间里,我们满怀热情与激情对它进行研究。②"中世纪历史不仅

---

　　① 瑞士博学家约阿基姆·冯·瓦特,又名瓦迪安(Joachim von Watt [Vadian])从 1518 年开始使用"Media Aetas"这种复数形式表达,在 1604 年,德国法学家戈达斯特(Goldast)使用"Medium Aetum"这种单数形式。见布尔(G. L. Burr),"中世纪是如何得名的"(«How the Middle Âges got their name?»),《美国历史评论》(*The Americain Historical Review*),第 22 卷,第 4 期,1915 年 7 月,第 813—814 页。我感谢让-克劳德·施密特让我知道了这篇文章。

　　② 维克多·库辛,《作品集》(*Oeuvres*),卷一:《哲学史教程》(*Cours de l'histoire de la philosophie*), Bruxelles, Hauman&Cie, 1840 年,第 17 页。

成为科学的与社会的,并且努力成为整体的。随着美国人查尔斯·哈斯金斯(Charles Haskins, 1870—1937)所写的《十二世纪文艺复兴》的问世①,尤其是法国人马克·布洛赫(Marc Bloch, 1886—1944)和年鉴学派的出现,中世纪伴随着它的辉煌(特别是"大教堂时期")和黑暗,成为具有创造性的时代。总之,如果这个词在历史学家那里失去了贬义的意思,那么"我们不再处于中世纪"这样的表达就成为这个时代黑暗表象的一种永久证据。

15世纪到18世纪末,中世纪作为否定意义概念的历史已经由欧金尼奥·加林(Eugenio Garin)确立②。这项研究一方面阐明了革新与重生的概念,另一方面也指出了黑暗意义上的概念,这些都是因为当时的欧洲思想家们想要建构出一个黑暗、无知的时期。直到19世纪初,一场争论才产生,一方维护中世纪积极、全新的形象,

① 哈斯金斯,《十二世纪文艺复兴》(*The Renaissance of the Twelfth Century*),哈佛大学出版社,1927年。

② 加林,"中世纪和黑暗时代:在15世纪到18世纪思想史中的概念和争论"(«Medio Evo e tempi bui: concetto e polemiche nella storia del pensiero dal XV al XVIII secolo»),载 V. Branca(编),《中世纪的概念、历史、神话和想象》(*Concetto, storia, mitti e immagini del Medio Evo*),Florence, Sansoni,1973年,第199—224页。

尤其是康斯坦丁·巴蒂尼（Costantino Battini, 1757—1832）在《为百年以来的野蛮人辩护》（*Apologia dei Secoli Barbari*）中所阐述的，另一方还继续持有对这一时代黑暗的印象，18世纪末的萨维里奥·贝蒂内利（Saverio Bettinelli, 1718—1808）最为典型。

历史分期从来不是一项中立或简单的工作：中世纪的形象在现代、当代的演变就可以验证以上观点。通过历史分期，我们可以表达出对已经发生事情的重视，一种价值判断，即使这是一种共同判断。另外，一个历史时期的形象会随着时间而改变。

作为人类使命的历史分期，既是人为的又是暂时的。它随着历史的演变而演变。因此，它也具有双重作用：它可以更好地掌握过去的时间，但也可以强调历史作为人类知识工具的脆弱性。

"中世纪"一词表达的意思是，人类走出了一个辉煌的时代，可能正在等待进入另一个同样辉煌的时代，正如我们前文所说，这个词主要是在15世纪的佛罗伦萨流行开的，这也是为什么我们认为这座城市是人文主义的中心。19世纪以前，"人文主义"这个词不是很流行：在接近19世纪40年代的时候，它表示的是一种将人置于思想与社会中心的观念。在德国我们首先找到了这个词，然后是在 1846 年普鲁东(Pierre Joseph Proudhon)的作品中，直到 1877 年才出现了"文艺复兴人文主义者"这个词。我们看到"文艺复兴"一词很长时间是与"中世纪"相对立的。在儒勒·米什莱(Jules Michelet)1840 年法兰西公学院(Collège de France)的课程中，这二者在时间上就已经产生了对立。我们在下文中还会提到这些。

如果我们现在追根溯源，年代表既不清楚也不明显。在中世纪，"古代"的概念被博学家们特指为希腊和罗马。在一定意义上说，出自于中世纪的这一古代观念，在 16 世纪以前并没有出现或者是非常模糊，因为这一所谓的古代时期看起来是大多数中世纪僧侣们对典范的怀念。蒙田在他的意大利旅行记录中(1580—1581)曾使用"古代"一词，不过其意义是我们已经知道的，即中世纪以前的那个时期。但是杜贝莱(Du Bellay)在《罗马怀古》(*Antiquités de Rome*)中只用"古代"的复数形式。

我们在这里要说明两点。首先，是意大利在这个长时段历史分期中的重要性。从不信教时期(époque païenne)到基督教时期，从罗慕路斯(Romulus)和雷慕斯

(Remus)在公元前753年建立罗马开始(我要指出的是,这个年代在当时并不存在,因为基督教历史分期法中以耶稣诞生为参照的公元纪年法,仅从公元6世纪的狄奥尼修斯·依希格斯开始),罗马一直在决定着西方的时间。另外一些原因也使意大利在中世纪历史中有着特殊的地位:被伦巴第人征服后又被查理大帝征服;教皇作为基督教会并且是教皇国的领袖在罗马定居;一种"公社"(commune)制度在以君主制为主导的欧洲出现;商业(尤其是与东方的联系)与艺术极具重要性。我们将会在"文艺复兴"一词的出现中看到意大利的特殊性。

第二个特点能让我们将我们所说的"古代"与"中世纪"联系起来。很长时间以来,我们把古代结束的标志,要么是与君士坦丁大帝皈依基督教(米兰赦令,313年),要么是与西罗马帝国的徽章被送还给拜占庭的皇帝(476年)联系在一起。但是许多历史学家强调一个时期向另一个时期的转化是一个漫长、渐进、充满交迭的过程。所以,有种观念是比较明确的,即我们不能确定某个日期标志这两个时代的鲜明断裂。今天我们比较倾向于认为在3世纪到7世纪发生了明显的变化,德国历史学家首先将其定义为"古典时代晚期"(Spätantike),这个时代的法文名是"古代晚期"(Antiquité tardive)①。

另外一种历史分期的断流出现在马克思主义者那里,与生产力的转变相联系。这个例子经常被提及,所以也值得我们在方法论中引用。这个方法来源于研究中世纪的历史学家欧内斯特·维尔纳(Ernst Werner)所写的一篇文章,他生活在两德时期的德意志民主共和国,即使不是共产党员,他采用的仍是马克思主义历史观②。对他而言,从古代到中世纪对应的是奴隶制向封建制的转化。我先不急于思考这一问题,因为我觉得使用"封建制"(féodalité)一词并不合适。他有时将封建制一词来替换"中世纪",中世纪体系下的封地成为 18 世纪法学家那里的土地所有的典型。然而他既没有表达出这一时期的丰富和转变,也没有指出其社会、文化特点。我认为,"中世纪"在历史的进程中摆脱了贬义的含义,我们大可继续

---

① 见贝特朗·郎松(Bertrand Lançon)带有启发性的研究,《古代晚期》(*L'Antiquité tardive*), Paris, PUF,«Que sais-je?», 1997 年。

② 维尔纳,"从奴隶制到封建制:世界历史的分期"(«De l'esclavage à la féodalité: la périodisation de l'histoire mondiale»),《历史与社会科学年鉴》(*Annales ESC*), 17—5, 1962 年,第 930—939 页。

使用这个名称并保留它。

最后,人们将看到我在这部随笔中要表明的是,存在一个漫长的中世纪,不能将文艺复兴看成是一个特殊的时期,许多新的视角随着历史研究的推进已经被揭示出来,比如乔治·杜比(Georges Duby)在《历史仍将继续》中所说①,尤其是布罗代尔关于长时段的许多表述。

现在要提及在历史分期中一个本质的时刻,即将历史类型转化成分段式的知识记录和道德教益,转化成职业的学科,尤其是转化成教学的科目。

————————

① 杜比,《历史仍将继续》(*L'Histoire continue*), Paris, Odile Jacob, 1991 年。

第三章
历史，教学，时期

伴随着历史分期，历史学家将时间的概念格式化，同时把过去这幅连续、整体的画面呈现出来，这个过去就是我们所称为的"历史"。

在基督教世界，特别是在欧洲，两种时间的概念好像先验地将其他的历史分期法排除，而它们却互相融合。第一个是时间链条的概念：让-克劳德·施密特在13世纪初卡斯蒂利亚（Castille）的布兰卡王后（France Blanche）的著名诗篇的肖像集中[1]，揭示了这个概念。然

---

① 施密特，"基督教史中的时间想象"（«L'imaginaire du temps dans l'histoire chrétienne»），载 PRIS-MA, t. XXV/1 和 2，第 49—50 期，2009年，第 135—159 页。

而,一个链条可以包含由一系列大大小小环节所组成的碎片,而且它并不与历史分期的工作相矛盾。第二种方法也是由让-克劳德·施密特发现的,即神圣史提出的方法。正如《旧约》中的古老部分所示,这种方法很好地将诸多连续的时期打碎,比如先知书、列王纪、历代志就紧接着摩西五经。

实际上,除了不能产生出任何"客观"历史理论的周期性时间外,所有时间的概念都可能被理性化与解释,并且成为"历史",也可以在人类社会的记忆以及历史学家的工作中产生出一个或几个时期。

一般来说,我们认为西方历史有两个起源:一个是古希腊思想,特别是从希罗多德开始(公元前 5 世纪)[①],另一个是《圣经》以及希伯来和基督教思想[②]。今天所是的

---

① 尤其参见弗朗索瓦·阿尔托格,《希罗多德的镜子:论他者的表象》(*Le Miroir d'Hérodote. Essai sur la représentation de l'autre*), Paris, Gallimard, 1980 年。神话和史诗向历史的常见过渡,是在从荷马到希罗多德的希腊思想于时间的演变中实现的。也参见阿尔托格(编),《从荷马到奥古斯丁的历史》(*L'Histoire d'Homère à Hérodote*), Paris, Seuil, 1999 年。

② 我在这里依据的是皮埃尔·吉伯特(Pierre Gibert)的观点,从《约书亚记》开始,《历史诞生之际的〈圣经〉》(*La Bible à la naissance de l'histoire*), Paris, Fayard, 1979 年。

"历史"，而后首先慢慢被建构成一门特殊的学问，接着成为教育的学科。然而，这两种演变是必要的，为的是产生出将历史分期的需要。

有许多著作都在讨论将历史建构成特殊的学问。我将首先讨论贝尔纳·盖内的诸多著作①。借助于不同类型的作者与材料，他的著作预先设定了作为学问的历史。除了专注于教会或修道院历史的僧侣，我们找到了编年史家让·傅华萨（Jean Froissart, 1337？—1410？）或者百科全书编写者博韦的文森特（Vincent de Beauvais）。有一部分历史被写在了卷轴之上，卷轴这样的载体让我们联想到了时间的连续性。

在这个领域中，编年史家是在现代概念中最接近历史学家的人。然而当大学建立起来时，在 12 世纪末到 13 世纪初，直到 15 世纪末的整个欧洲，这样的编年史就不再教授了。事情在 16 世纪与 18 世纪末之间才慢慢被改变。

---

① 盖内，《中世纪历史学研究》（*Étude sur l'historiographie médiévale*），Paris, Publication de la Sorbonne, 1997 年；《中世纪西方中的历史和历史文化》（*Histoire et culture historique dans l'Occident médiéval*），Paris, Aubier, 1980 年，再版，1991 年；"历史"词条，前面已引用，第 483—496 页。

在 17 世纪,博学派在各个方面的进步(对于历史文献的研究、建构或处理)在这场演变中占据中心的地位。许多大的博学家由此而闻名,他们之中有两个是法国人:一位是杜桑(le seigneur Du Cange,1610—1688),作为拜占庭专家以及词典学家,他撰写了一本重要的《中世纪和晚近拉丁语词汇》(*Glossarium mediae et infimae latinitatis*,1718 年);另一位是让·马比荣(Dom Jean Mabillon,1632—1707),他是本笃会修士,曾在圣日耳曼德佩修道院(l'abbaye de Saint-Germain-de-Prés)以及巴黎的各个城门(portes de Paris)工作,著有《论古文书学》(*De re diplomatica*,1681)。这是一本讨论外交科学、文书的专著,并将对外交方面的研究与理解同古文字学相联系。另一项与马比荣博学的工作相类似的任务由意大利人穆拉托里(Lodovico Antonio Muratori)完成,他用拉丁语出版了 28 卷的《意大利史料集成》(*Rerum Italicarum Scriptores*,1723—1751)。

这种关于中世纪的学问在 17 和 18 世纪的传播被阿纳尔多·莫米利亚诺(Arnaldo Momigliano)称为方法"革

命"①：历史学家所具有的那种对真理的爱，自此开始由对证据的把握得以展现。不同阶段的分期也依靠建立历史真理的体系而实现。

然而，为了把历史转化为学问，而且是可以被切割成不同时期的学问，历史也应该进入教学体系之中。历史如果被教授，那么历史就不是笼统地只隶属于文科，它有自己的范畴。从 12 世纪末起诞生的欧洲大学，没有立刻就把历史作为教授的科目，但是这些大学在这场演变中起了重要的作用。

在法国，我认为在 17 世纪以前，并没有谁试图教授历史。尽管弗朗索瓦·德·丹维尔（François de Dainville）做了诸多努力，但是他并没有证明历史作为学科出现在耶稣会的学校中②。

安妮·布鲁特尔（Annie Bruter）阐明了在 17 世纪一方面教育体系如何进行变革，另一方面历史学家的实践

---

① 阿纳尔多·莫米利亚诺，《古代和现代史学的诸问题》（*Problèmes d'historiographie ancienne et moderne*），A. Tachet 译，Paris，Gallimard，1983 年。

② 德·丹维尔，《耶稣会的教育：16 世纪到 18 世纪》（*L'Éducation des jésuites. XVIᵉ-XVIIIᵉ siècle*），Paris，Minuit，«Sens commun»，1978 年。

如何进入到小学、中学、大学的历史教学中①。我们同样要指出的是，历史作为学科成为教育皇室成员的一部分。比如，博舒埃（Bossuet）就在写给教皇的信中介绍了自己给大太子（Grand Dauphin）即路易十四的儿子上课的内容。一些出版者以及作者私下里或多或少地得到了一些关于博舒埃的教学信息，并且将其出版在自己的著作中，这是对博舒埃的抄袭或者也是发展。

同样，历史教学扩展到了小孩子中。教师将游戏、寓言、故事融入到孩子们的课程之中，这样可以让他们在玩耍中打下一定的历史基础。比如，白里安维尔（Claude-Oronce Finé de Brianville, 1608—1674）的《法国历史简明教程》（L'Abrégé méthodique de l'histoire de France），通过轶事讲述了法国国王的继承制度。德马雷（Desmarets de Saint-Sorlin, 1595—1676）的《纸牌游戏》（Le Jeu de cartes）是围绕皇室人物写成。

同时，宗教也给予历史参考一个新的地位，比如，日后的枢机主教弗勒里（Fleury）在1683年出版的《历史教

---

① 布鲁特尔，《在伟大的世纪中被教授的历史：一种教育的诞生》（L'Histoire enseignée au Grand Siècle. Naissance d'une pédagogie），Paris, Belin, 1998年。

理书》(*Cathéchisme historique*)就说明了这一点。

　　但是,我们不能被幻觉所迷惑。历史在 17 世纪还不是严格意义上的教学科目①。直到 18 世纪末 19 世纪初才是。历史学科在法国的经历可以成为一个例证。

　　在法国,历史教学的发展得益于由专家以及历史学家的前辈们定期出版的历史史料,先驱是《圣徒传》的编纂者们(bollandistes),这个名字来源于他们的奠基人、比利时耶稣会教士让·博兰(Jean Bolland, 1596—1665)。他们从 1643 年起就开始出版《圣徒志》(*Acta sanctorum*):通过这些记录关于圣徒生平的文本,许多属于"科学"批判的原则被运用了起来。尤其是对于每一个圣徒的生平,都伴有主要的原始资料。这种奠基性的出版通过各种不同学术刊物的发行被完善起来,其中包括从 1882 年开始发行的《圣徒传杂志》(*Analecta Bollandiana*)。即使是在这种博学的范围中,直到 19 世纪,历史的传播依然

---

　　① 例如,见让-克洛德·多泰尔(J.-Cl Dhotel),《现代教理书的起源,根据法国第一批印刷的教材》(*Les Origines du catéchisme moderne d'après les premiers manuels imprimés en France*),Paris, Aubier,1967 年,第 431 页:"虽然弗勒里的工程受到了广泛称赞,但是我们不能对其抱有幻想。历史教理书,甚至是在作者的思想里,只是教条式教理的前奏。"

缓慢。

在 18 世纪最后三十多年,以"历史"之名在某些学校所教授的,其实更多的是道德范例,比如在 1776 年创立的军校预科班中。我们可以通过"历史乃生活之师"(historia magistra vitae)来概括这一时期历史教学的核心目标:以法国大革命的方法,旨在培养好的公民,直到今天一些历史学家和教师也不否认这一意图。

随着 1802 年在拿破仑的主持下高中的创立,历史教学在中学变得必不可少,即使它的地位还是很有限。波旁王朝的复辟,对于法国来说是历史教学在中学的真正开始,哲学家与人类学家马塞尔·戈谢(Marcel Gauchet)很好地指出了这一点。在 1819 年,法国设立了一项历史竞赛奖。1820 年,历史学科归入高中会考的口试项目,1830 年历史和地理教师资格考试创建。还有一个重要的时间,我们先前已经提过,就是国立文献学院于 1821 年成立。

当时在教科书中所采用的历史分期方法,基本上保留至今,在许多学校中,大革命以前的历史都有一席之地:圣徒的历史与神话,古代史,国家史。这种分期反映了那个时期统治者的两种定见:一个是宗教在历史中维持不变,要么是基督教形式,要么是非基督教(païen)形式;另一个是受大革命影响,突出对国家的重要性的意识。

在法国,19世纪也是真正的历史学家进入政治高位的时候。基佐(Guizot)在路易·菲利普时期(1830—1848)先后任内政部长、公共教育部长,最后是外交部长。维克多·迪吕伊(Victor Duruy)在拿破仑三世期间,于1863年至1869年担任公共教育部长。在19世纪末,欧内斯特·拉维斯(Ernest Lavisse)、加百列·莫诺(Gabriel Monod)、夏尔·瑟诺博司(Charles Seignobos)等人都是历史学家,拉维斯的《法国史》第一版被当作教材,而这样一本《法国史》也成为国家的历史教材①。

关于历史在大学中的讲授,我们可以通过考察欧洲大学设立这一学科的讲席职位的情况来了解②。

————————

① 对于这一部分,我特别参考了 P. Gracia 和 J. Leduc 精彩的词条,"法国的历史教学"(« L'enseignement de l'histoire en France »),载 Chr. Delacroix, Fr. Dosse, P. Garcia et N. Offenstadt(编),《历史编纂学,概念和争论之一》(*Historiographies, Concepts et débats I*),前揭,第104—111页。

② 对于这一小部分,我特别参考了莫米利亚诺出色的小册子,《在历史与历史主义之间》(*Tra Storia e Storicismo*),Pise, Nistri-Lischi, 1985年。

德国是最早认可把历史作为独立的学问并在大学教学中力行推广的国家。作为国家精神，历史这门学科深刻地烙印在了大学思想中——虽然德国在政治上长期分裂。16世纪的宗教改革是一支催化剂。从16世纪初开始，在维滕贝格（Wittenberg）就开始教授世界通史；在1527年建立的新教马尔堡大学与1535年至1536年之间建成的新教图宾根大学，历史教学都占据着重要的位置。历史还与其他科目共同教授：1544年，在柯尼斯堡（Königsberg）大学创立了历史与修辞学讲席职位，同年在格莱夫斯瓦尔德（Greifswald）设立了历史与诗学讲席，1548年在耶拿大学设立历史与伦理学讲席，1558年海德堡大学以及1564年在罗斯托克（Rostock）大学都设立了历史与诗学讲席。历史学独立讲席最终分别于1568年与1728年在弗赖堡大学和维也纳大学设立。我们可以认为，在1550年与1650年之间，历史以独立的方式在德语世界中被传播。而历史在大学教学中的典范开始于18世纪后半段的哥廷根大学。

　　在德国，有两位相当于法国基佐与米什莱的历史学家，一个是卡斯滕·尼布尔（Carsten Niebuhr, 1733—1815)，他很遗憾地留下了一部未完成的罗马史，另一个是特奥多尔·蒙森(Theodor Mommsen),他写了一部非常有名的罗马史,而且担任了《德意志史料集成》的主编。

英国同样在历史方面起步较早。从1622年起牛津大学就设立了古代史讲席,剑桥大学从1627年起就有了通史讲席。牛津与剑桥同时在1724年设立了现代史讲席。

在瑞士,巴塞尔大学于1659年设立了历史讲席。

在意大利,比萨大学在1673年设立了教会史讲席,帕维亚大学在1771年设立了历史与辩论讲席。实际上,经过很长时间历史才与修辞或道德等教学内容相脱离。我们还注意到,在17世纪上半叶,都灵、帕多瓦、博洛尼亚都没有历史讲席。第一个历史讲席是1847年在都灵设立的。

相较于其他国家,法国在历史方面的起步很晚。法兰西公学院于1775年才设立历史与道德讲席,19世纪末才设立历史的自主讲席。在索邦大学,第一个古代史讲席出现在1808年,第一个现代史讲席则到1812年才出现。

在西班牙,要等到1776年在奥维多(Oviedo)大学才设有历史讲席。在爱尔兰都柏林的三一学院,历史讲席出现在 1762 年。

历史作为教学学科的诞生体现了欧洲的知识主流。

其他大陆与文明对于他们的历史以及世界知识的掌握，则通过其他的路径，主要是宗教途径，这也是欧洲在很长时间以来采用的方式。至于美国，他们首先是活在自己的历史之中，为的是在西方或世界历史中找到一个位置，这个位置日后对他们而言将会很重要。

在 19 世纪，我们明白了至少是在西方，历史具有了它的特殊性，即成为一门学科[1]。为了更好地理解它，掌握它的转变，也是为了更好地教授它，历史学家和教师们就需要系统地将历史分期。从中世纪以来一直到现在，最常用的分期一直是古代与现代的对立，这种对立定义了历史的两大阶段。但是，"古代"时期在

----

① 在大量的参考书中，我们参考了盖内的"历史"词条，前揭，第 483—496 页；勒高夫，《历史和记忆》(*Histoire et mémoire*)，Paris，Gallimard，1998 年；阿尔托格，《信仰历史》(*Croire en l'histoire*)，Paris，Flammarion，2013 年以及《历史的真实：古今圣徒传记》(*Évidence de l'histoire. Hagiographie ancienne et moderne*)，Paris，Gallimard，《Folio》，2001 年；R. Koselleck，《历史的经验》(*L'Expérience de l'histoire*)，Paris，Gallimard-Seuil，1997；保罗·利科，《记忆，历史，遗忘》(*Mémoire，Histoire，Oublie*)，Paris，Seuil，2000 年。

西方逐渐地被大家所接受;而"现代性"则成为无休止争论的对象。

另外,就是在19世纪,人们承认了光明的文艺复兴与黑暗的中世纪之间的对立。现在我们就要具体地切入到这本书的核心:中世纪与文艺复兴之间的关系。

第四章

文艺复兴的诞生

我们已经看到,新时期的一种观念总是反对前一时期的观念,后者总是被认为是黑暗的阶段并理应让位于光明,而前者则被 14 世纪的诗人彼特拉克第一次向前推进。对于他来说,希腊罗马的荣耀时期在公元 4 世纪已经停止了,在经过一段文明的"野蛮"、"黑暗"以及"暗淡"时期后才得以复兴。他认为,应该回到"古人"思考与写作的方式。但是"文艺复兴"这个词以及对这段紧随并相悖于中世纪的伟大历史时期的定义要等到 19 世纪才出现。这一切要归功于儒勒·米什莱(Jules Michelet,1798—1874)。

米什莱在他自 1833 年开始出版的《法国史》中第一

时间称颂了中世纪：这是一个光明、富有创造力的时代，直到临近于 16 世纪以及宗教改革，它都对应了一种丰富、发散的历史观。

在 1869 年的前言中，米什莱介绍中世纪的法国时提到，作为一名历史学家他是第一个使用未刊行材料的人：

直到 1830 年（甚至直到 1836 年），这个时代里没有哪一个杰出的历史学家认为需要在未出版的书籍、第一手的文献、未刊登的资料、图书馆的手稿、档案馆的材料中寻找事实①。

但是材料对于米什莱来说，在他著作的一开始只是一个想象的跳板，一个视野的转换。接着，在著名的段落中米什莱让人们听到了档案的声音，这些档案解开了历史学家工作地点的秘密。博学（érudition）是艺术家、历史学家在作品即将完成时所要收好的脚手架。米什莱的中世纪，在 19 世纪 30 年代，既出自于他的想象，也来源

① 米什莱，《作品全集》（*Oeuvres complètes*），P. Viallaneix（编），《法国史》（*Histoire de France*），第四卷，第 1—4 章，Paris，Flammarion，1974 年，第 11 页。

于档案资料。

中世纪也是其生活和个性的写照。中世纪在他笔下是节日、光明、生命以及丰盛的时代,而在他的第一任妻子去世的 1839 年,中世纪则变得悲伤、暗淡、僵硬、枯燥乏味。如果历史学家早已在中世纪里重新找到了他的童年、雏形,那么他现在感受到的是一段遥远的时期,甚至是一个敌人。能让人产生新的憧憬的,将是文艺复兴。[①]

吕西安·费弗尔(Lucien Febvre, 1878—1956)在他那篇著名的关于米什莱创造文艺复兴这个概念的文章中提到,在 19 世纪上半叶,人们对 15 到 16 世纪的伟大作家就已经开始给予很高的评价[②],比如司汤达、圣伯夫、雨果、缪塞就是如此。但是在那个时代,没有哪一个作家或者哪一个人寻求一个精准的词去

---

① 勒高夫,"米什莱的中世纪"(«Le Moyen Âge de Michelet»),载《另一个中世纪》(Un autre Moyen Âge),Paris, Gallimard, «Quarto», 1999 年,第 23—47 页。

② 费弗尔,"儒勒·米什莱如何创造了文艺复兴"(«Comment Jules Michelet inventa la Renaissance»),载《纪念吉诺·卢扎托文集》(Studi in onore di Gino Luzzatto),Milan, 1950 年,重刊于《为了一个完备的历史》(Pour une histoire à part entière),Paris, SEVPEN,1962 年,以及《人性》(Le Genre humain),第 27 期,"古和新"(«L'Ancien et le Nouveau»),Paris, Seuil,1993 年,第 77—88 页。

指称这个时代。如果不是简单地将历史划分为"古代"、"中世纪"、"现代",那么历史学家和文人也就不会习惯于将历史进行分期。

关于"重生"(renaissance)这个词的意思,吕西安·费弗尔指出,如果是小写的"r",它的常用用法是关于"艺术的重生"或"文学的重生"。但是米什莱本人,他被这一时期的历史进程所具有的"复活"(résurrection)感所震撼,将"重生"(Renaissance)一词,大写的"R",赋予从欧洲15世纪尤其是从意大利开始的这一时期。米什莱在1838年被选为法兰西公学院教授,并于4月23日在那里进行了就职演讲。米什莱也在那里找到了一个平台将"文艺复兴"这个词在1840年到1860年间广泛传播,并让其成为一个时期。

在《法国史》中,米什莱提到他被两个人物所折服:勃艮第公爵大胆查理和西班牙国王查理五世。然而他自己却生活在那个被金钱欲望所蚕食的平庸世界中,生活在基佐(Guizot)和奥古斯丁·梯叶里(Augustin Thierry)的庸俗资产阶级法国。某个满怀希望、清晰明朗、富有诗意的词应该涌现到文学与思想之中。这个词就是"重生"

(Renaissance)。但是,米什莱 1840 年的文艺复兴并不是一个美丽中世纪的重生或反弹,它是"这种奇异、畸形、极度做作状态①",即基督教的中世纪的终结。米什莱的悲观情绪湮没了他的中世纪。

他 1840 年在法兰西公学院的课程引起了巨大的反响。中世纪下落到谷底。一颗新星诞生,这就是文艺复兴。米什莱认为其不可或缺,因为"当我遇到它的时候,它就成为了我本身②"。

米什莱在重新讲述自高卢罗马以来的法国史时,讲到 15 世纪末,他说:"通过'回到生命'这个词,我们来到了文艺复兴[……]我们也到达了光亮之中。③"他也察觉出,在马可波罗到达中国、哥伦布发现美洲后,就开始了全球化。这也是人民对于君主制和民族国家的胜利。他认为:

> 这个小小的现代世界走出了中世纪,[……]主
> 角是所有人,这个大转变的发起者是人[……]来自

---

① 同上,第 85 页。
② 同上,第 87 页。
③ 米什莱,《法兰西公学院讲座》(*Cours au Collège de France*),P. Viallaneix(编),卷一,Paris, Gallimard,1995 年,第 339 页。

于上帝,人像上帝一样是造物者。现代世界就是他的创造,这是一个新的世界,中世纪不能把它包含在它的诸多消极论战之中。①

以上是他在 1840 年 1 月 9 日上的第二堂课,题目是"人对上帝的胜利"②。

被米什莱定义为"现代世界的通道",文艺复兴标志着向异教(paganisme)、喜悦、感知、自由的回归。是意大利让其他欧洲国家知道了文艺复兴,通过意大利战争首先被告知的是法国,然后是德国和英格兰。文艺复兴也将历史放置到了其诠释者是历史学家的进程中。在中世纪长期的孤独寂寞之后,米什莱的课程也清楚展示了当时人类的进步。

1841 年的课程被冠以"永恒的文艺复兴③"这样的标题,内容主要是关于意大利以及法国向意大利借鉴的一切。米什莱看到,自从凯撒以来,这两个国家就存在着一

---

① 同上,第 352—353 页。
② 同上,第 354—355 页。
③ 同上,第 463 页。

种"相互依附"的关系,并且将其表达为"有繁殖力的联姻","通过宗教、艺术以及法律而延续下去的长期联盟"。他说:

> 所谓孕育法国的意大利原则,指的就是几何学的天资,被运用于公民社会、构造交往大路的秩序原则:罗马的大道通向所有方向。[1]

他还特别指出,在发起意大利战争的时候,法国国王查理八世"为了找寻文明才跨过阿尔卑斯山[2]"。

米什莱将意大利描绘为拥有众多绝妙城市的国家,首先是佛罗伦萨,其次是比萨、热那亚、威尼斯、米兰,最后是罗马。他告诉我们意大利的魅力与它的财富是怎样吸引众多征服者的,他们掠走了大量的战利品[3],其中也包括自由。对于米什莱来说,佛罗伦萨的伟大在于萨弗纳罗拉(Savonarole),一个厉害的多明我修士变成了一个天才的

---

[1] 同上,第421—422页。

[2] 同上,第424页。

[3] 吉罗拉诺·阿纳尔迪(Girolamo Arnaldi),《意大利和它的入侵者们》(*L'Italia e i suoi invasori*),Rome-Bari, Laterza, 2002年。

改革者,他赞扬城市及其主教堂的魅力,也赞扬安葬米开朗琪罗的圣十字教堂(église Saint Croce)。在他看来,教皇在赞助艺术文化方面具有强大的权力。在摆脱波吉亚家族之后,教皇在尤里乌斯二世(Jules II)的时候重新找到了它的荣耀,正是这位教皇庇护了马基雅维利和米开朗琪罗。在"伦巴第地区和佛罗伦萨无与伦比的美丽[①]"之后,在罗马之后,是那不勒斯的荣耀让米什莱印象深刻。之后米什莱提醒道,法国的一些珍宝是归于意大利的。

他提到了威尼斯以及它"热情的自由,身体快感的自由,安逸的自由,以及为艺术的自由[②]"。接着是佛罗伦萨艺术的兴旺,印刷术的发展,威尼斯的阿尔德·马努提乌斯(Alde Manuce, 1449—1515),随处可见的版画,对解剖学和人体的研究,罗马圣彼得大教堂圆顶的美丽,妇女的影响力。

通过将生活与教学结合在一起,米什莱结束了对这一现时代、这场文艺复兴的描述。他强调历史学家有必要译介这样一种一致的声音,因为"现时代,就是这种狂

---

① 米什莱,《法兰西公学院讲座》,前揭,第 434 页。
② 同上,第 436 页。

热的降临,就是这一被祝福的时刻,在此刻沉默的世界发出了它的声音①"。这种观察也被带回到他本人身上:"我在我身上有这样的希望。"历史是逝去人的复活:"我需要它,由此我感受到死亡。"(1841年)"爱逝去的人,就是我的不朽。"(1838年)②

尽管有米什莱的影响,法国的文化界长久以来却认为是艺术史家雅各布·布克哈特(Jacob Burckhardt, 1818—1897)将文艺复兴变成一个时代。他的著作《意大利文艺复兴时期的文化》(*Die Kultur der Renaissance in Italien*)德语第一版于1860年问世,第二版出现在1869年,接着在大幅删改后于1878年推出第三版,在1922年才由意大利著名的文艺复兴专家瓦尔特·戈茨(Walter Goetz)整理出最后的版本③。

———————————

① 同上,第463页。

② 同上,第464页。

③ 作者的生平,这部作品的历史,以及《意大利文艺复兴时期的文化》不同的版本,都在Robert Kopp的长篇前言中被重新回顾,法文版由H. Schmitt翻译,R. Klein校对并修改,Paris, Bartillat, 2012年,第7—35页。(中译本,何新译,马雪香校,北京,商务印书馆,1979年版,以下引文参考了中译本。——译注)

雅各布·布克哈特是一位讲德语的瑞士艺术史家，曾在柏林师从德国历史学派奠基人兰克（Leopold von Ranke, 1795—1886），之后他在 1844 年到 1886 年（同年辞职）间在巴塞尔大学教授艺术史。他在德国尤其是在意大利，都曾短期居住。他在意大利曾梦想写一部文艺复兴的艺术史，但是好奇心使他在准备期间放弃艺术史转而想要写一部文化史。这一研究领域的广阔使得这部著作变成欧洲文化史方面的一个范例和一部原始资料集，这远远超出了该书原本的主题。我想首先从整体上介绍一下这部著作。

布克哈特在第一部分"作为一种艺术工作的国家[1]"中首先提到的是从 13 世纪到 16 世纪的意大利僭主和各领地君主的历史。他尤其对威尼斯感兴趣，注意到"文艺复兴的迟缓[2]"，对于佛罗伦萨，他称之为"世界上第一个近代国家[3]"。布克哈特指出佛罗伦萨在权力工具上（比如统计学）的早熟，与此同时，相较于其他意大利的大城市，它在艺术上的复兴就落后一些。

---

[1]　同上，第 41—170 页。
[2]　同上，第 115 页。
[3]　同上，第 116 页。

意大利各城邦的外交,在布克哈特看来是由均势思想所支配,"以一种客观的方式去处理政治并且在谈判的艺术中展现才华①"。紧接着他用一章来描述"战争艺术②"。他认为教皇的权力对意大利是一种威胁。他突出强调在罗马城由于教皇的任人唯亲、买卖圣物而引起的混乱。克莱蒙七世(Clément VII, 1523—1534)实际上来自美第奇家族,这个家族与前面的波吉亚家族一样,他们都与教皇的权力有过关系。克莱蒙七世曾猛烈地攻击查理五世皇帝,后者将他的部队派到了意大利并且在1527年洗劫了罗马。相反,布克哈特把利奥十世(Léon X, 1513—1521)捧上了天,他也来自美第奇家族:"我们在讨论到文艺复兴的全盛时期时③",布克哈特强调说,就与这个教皇有关。

布克哈特这本书的第二部分是关于个人发展的。文艺复兴时期的人时刻都能感受到自己秉承着文化。布克哈特引用一位文艺复兴时期避难到外国的人文主义者的话:"一个有学问的人定居在哪里,哪里就是他的

---

① 同上,第 138 页。
② 同上,第 140—143 页。
③ 同上,第 162 页。

44

家。①"相反,在中世纪人们被宗教、社会环境、集体生活所限制,而文艺复兴时期的人则可以毫无束缚地发展自己的个性。这是博学之人的时代:莱昂·巴蒂斯塔·阿尔伯蒂(Leon Battista Alberti,1404—1472),建筑师,数学家,作家,也是能用通俗语言写作的伟大作家之一。布克哈特也对荣耀感兴趣,这是文艺复兴时期社会的特征。虽然但丁曾对荣耀进行过严厉的批判,但是在彼特拉克之后这却是个人的目标,与家族的目标一样。在显赫家庭的墓碑上,在对古代伟人的崇敬上,在各路名人涌现的过程中,荣耀无处不在。当荣耀触碰到文学的时候,文人们会分发桂冠。

布克哈特这本书的第三部分是关于古典文化的复兴:在回到辉煌的过去这个层面上,这是一种"重生"(renaissance)。"征服西方世界的不单纯是古典文化的复兴,而是这种复兴与意大利人民的天才的结合②",他又一次强调道,意大利是历史分期的中心。古代废墟真正的中心是在罗马。众多的古代作家被重新发现和推广。

① 同上,第178页。
② 同上,第215页。

诗歌重新在人文主义文学中找到了位置,以前它曾出现在古希腊罗马世界中。无论是在中产阶级那里、领主的宫廷里还是罗马教廷中,人文主义都有了发展。宗教仪式文学(littérature rituelle)重新在社会生活中出现:书信体,演说词和葬礼演讲,学院演讲和政治训话,宗教布道,这些都用拉丁语撰写并使用引文。拉丁语虽然从日常生活中消失,但却推动了本土语言的发展,在人文主义者与教士之中,拉丁语找回了它绝对的价值。布克哈特甚至提到了"一般文化的拉丁化[①]"。然而这位艺术史家却得出16世纪人文主义者的失败这个结论:随着反宗教改革的进行,人们认为他们自高自大、扭捏做作,随之对他们在基督教信仰上的虔诚产生了怀疑。

在全书的最后三个部分,布克哈特又回到了对于他来说显然构成文艺复兴核心的内容。对于人的发现,人文主义的建立,以及对世界的发现。这就是天文学、植物学、园艺、动物学、异域动物标本收集的迅猛发展。文艺复兴发现了世界,并且让世人知道了自然之美。彼特拉克可能是第一个歌颂登山的人。弗拉芒画派将油画变成

---

① 同上,第289—296页。

了推广自然风景的工具。至于美丽,它体现在了肖像上。在意大利,首先是托斯卡纳地区,传记开始被推广起来。而且,与个人发展相联系的自传也开始流行,比如我们可以看到金匠本韦努托·切利尼(Benvenuto Cellini,1500—1571)所写的著名自传。

另一个文艺复兴期间社会生活的特点是节日。如果宗教节日,特别是仪仗队伍(procession)、基督圣体圣血节(la Fête-Dieu)、神秘剧(在教堂前面上演的宗教戏剧),保存了它们的传统甚至变得多样,那么领主的、非宗教的、乡间的节日就显得光彩夺目①。在服装方面,时尚开始出现并且与日俱增。语言的纯洁与考究在谈话中占据

① 见 T. F. Ruiz 精彩的研究:《一个国王的旅行:中世纪晚期和西班牙近代早期的节日传统》(*A King Travels. Festive Traditions in Late Medieval and Early Modern Spain*),Princeton University Press,2012 年。这本书将人们对于意大利无所不在的关注转移到了西班牙,那时的西班牙刚刚走出穆斯林的统治。其他对文艺复兴的节日进行的有趣研究还有:J. Jacquot,《文艺复兴的节日》(*Les Fêtes de la Renaissance*),Paris,Éd. du CNRS,1973—1975 年;M. Plaisance et F. Decroisette,《文艺复兴时期意大利的城市节日:维罗纳,佛罗伦萨,锡耶纳,那不勒斯》(*Fêtes urbaines en Italie à l'époque de la Renaissance: Vérone, Florence, Sienne, Naples*),Paris,Klincksieck-Presses de la Sorbonne nouvelle,1993 年;R. Strong,《文艺复兴的节日,1450—1650 年:艺术和权力》(*Les Fêtes de la Renaissance, 1450—1650. Art et pouvoir*),Br. Cocquio 译,Arles,Solin,1991 年。

了前所未有的地位，高贵的夫人们游走于沙龙之中，与贵族政治家，比如美第奇家族结交，建立交际圈子。一个完整的社会人应该是这样：身体通过体育运动进行塑造，音乐调节他的生活，他不只是存在于世，他也想抛头露面。

女人也被带入到这场运动中。她们得到了同男性一样的教育，她们写短篇小说以及诗歌。甚至宠臣也具有了文人修养。家庭生活富有艺术色彩，父亲通常是乐队的首席，而艺术的快乐也在乡村传播。乡下在这一时期比在中世纪与城市的联系紧密了很多，绘画很好地体现了城乡这一对组合。

布克哈特的这部著作在结尾处用几个小节论述了文艺复兴不那么吸引人的一面。关于道德，他看到"普遍从道德限制中解放出来①"。意大利没有逃脱这个阴暗面：

> 最后，在这个每一种个性都达到高度发展的国家里边，我们看到了那种标准的绝对的不道德的例子，喜欢为犯罪而犯罪，而不是把犯罪作为达到一个

---

① 布克哈特，《意大利文艺复兴时期的文化》，前揭，第481—507页。

目的的手段,或者无论如何把它作为达到我们所想不到的那些目的的手段。[1]

然而文艺复兴的意大利,在布克哈特看来,依然是首屈一指的,他称其为在世界历史上的一场"革命"。意大利人

成了他们那个时代一切高度和一切深度的最典型的代表。和极端的堕落一起出现了具有最崇高的谐和的人类个性和一种艺术光辉,这种光辉给人类生活罩上了一层光彩,而这种光彩是古代文化或中世纪精神所不能或不愿赐予的。[2]

在宗教方面,布克哈特对萨弗纳罗拉的改革性布道的失败,对新教徒宗教改革模棱两可的成功感到惋惜。他也观察到信徒的懈怠,教堂的荒废以及人文主义者所持信仰的不确定性。

---

[1]　同上,第 505 页。
[2]　同上,第 507 页。

文艺复兴的基督教社会在宗教上还是有值得赞美的因素。在对伊斯兰教的态度,对一切信仰,包括古代的许多哲学思潮,比如伊壁鸠鲁主义的思考方面,布克哈特在其中发现了宽容。他对自由意志理论的实践赞不绝口,看到了这个时期的人在理论者与实践者之间恰到好处的位置。

　　布克哈特还注意到了迷信,尤其是伪科学。他记录下了占星术的传播,人们对幽灵、魔鬼、巫师和宠臣们的魔术的信仰,注意到人们在建造房子或教堂时放置奠基石的仪式。他全书的结论是信仰的衰退。无神论虽然还没有出现,但是不信教取代了有神论。文艺复兴导致了世俗化,并且后者开始普遍起来。

第五章
当今的文艺复兴研究

在 21 世纪初以及整个 20 世纪,文艺复兴继续吸引着诸多的历史学家,他们中的大部分都对文艺复兴大加赞美,虽然有时候有所保留。关于他们对文艺复兴的诠释与评判,我主要参考了以下学者的研究:保罗·奥斯卡·克利斯特勒(Paul Oskar Kristeller),欧金尼奥·加林,欧文·潘诺夫斯基(Erwin Panofsky),让·德吕莫(Jean Delumeau),以及 2011 年罗伯特·戴维斯(Robert C. Davis)与伊丽莎白·林德史密斯(Elizabeth Lindsmith)的研究①。

---

① 在众多著作之中,我将引用彼得·伯克(Peter Burke),(转下页注)

克利斯特勒的代表作是《文艺复兴时期的思想与文学研究》(*Studies in Renaissance Thought and Letters*),1956年在罗马出版。这本大部头的研究著作主要围绕人文主义展开,但是视角延伸至继米什莱、布克哈特之后克利斯特勒所称的"文艺复兴"的文学和艺术创作。这本书也涉及中世纪与文艺复兴的关系。

克利斯特勒在第一卷中用了很大的篇幅来介绍15世纪伟大的"人文主义者"马尔西利奥·费奇诺(Marsilio Ficino,1433—1499)。他在书中提到了文艺复兴时期一种新艺术和文学生产的组织:圈子(circle),它建立在艺术家、文学家与其弟子或朋友的特殊关系的基础上。

应当注意到的是,虽然这个词在当代历史学中很少用到,但是中世纪的重要作者们也把弟子和作品的表演者聚到自己的身边,这其实非常像文艺复兴时期的圈子。另外,在艺术领域,如果说文艺复兴时期的油画创作是在画室中进行的,那么中世纪的作坊中汇集了诸多优秀的

(接上页注)《意大利文艺复兴:艺术,文化,社会》(*La Renaissance en Italie : art, culture, société*),P. Wolting 译,Paris,Hazan,1991 年;J. R. Hale,《文艺复兴时期的欧洲文明》(*La Civilisation de l'Europe à la Renaissance*),R. Guyonnet 译,Paris,Perrin,1998 年。

建筑师、瓦砖匠、雕刻师和画家。但是，中世纪的这些艺术家们被教会严密地监督，受教会的指导，这是与文艺复兴时期的画室最主要的区别。

在独立、卓尔不群的文艺复兴时期，能产生众多让人惊叹的艺术家的原因，克利斯特勒在其著作的第一节(关于人文主义者经院学派背景下的马尔西利奥·费奇诺研究)中进行了说明。他指出，费奇诺的亚里士多德主义直接继承了中世纪的亚里士多德主义，后者是他在佛罗伦萨大学进行哲学学习时接触的。我们需要插一句的是(后面我们还会回来)，在一定程度上，大学是连接中世纪与文艺复兴之间至关重要的纽带之一。

克利斯特勒也强调，诸多紧密的关系常常可以把统治者、人文主义者以及他们对政治的频繁参与统一起来。他首先举的是佛罗伦萨的例子。美第奇家族在15世纪的时候从银行业转到政治，并且在16世纪以亲王的身份继续参与其中，他们帮助一些人文主义者进入到政府之中，并且标榜自己既为政治领袖同时又是人文主义者。克利斯特勒特别研究了乔瓦尼·柯西(Giovanni Corsi)的案例，他1472年出生于佛罗伦萨的贵族家庭：他于1506年撰写了费奇诺的传记，其中包含大量赞美美第奇家族的篇章,当1512年美第奇家族重新在佛罗伦萨掌权时,柯西就供职于政府之中了。

通过费奇诺在1474年所写的一封信,克利斯特勒阐明了文艺复兴时期人文主义者与宗教之间的关系这一棘手的问题。在信中,费奇诺提到由于疾病他在一段时间里极度绝望,在这之后他皈依了宗教。这一段历史是比较难解释的。

我已经暗示过,中世纪把亚里士多德主义传给了文艺复兴。但是14世纪和15世纪的意大利人文主义者首先谈到的是柏拉图主义。柏拉图学园在15世纪于佛罗伦萨开放,它在传播马尔西利奥·费奇诺的思想中起到了至关重要的作用。这项对于古希腊罗马思想的重新发现,让它们从意大利出发在欧洲大部分地区传播,是我们所称之为的文艺复兴具有的最显著特点之一。克利斯特勒用了整整一章来介绍作为柏拉图主义者的洛伦佐·美第奇(Laurent des Medicis,后来的伟大的洛伦佐[le Magnifique])。他这样说道:

> 在清楚地表现出柏拉图主义倾向的先驱中,洛伦佐·美第奇不仅是保护人,而且还是费奇诺的学

友和私人朋友。所以我们可以在伟大的洛伦佐的文字中定义柏拉图主义的要素。[①]

在他的诗与文字中,洛伦佐看起来借用了柏拉图对于爱情的定义,即对美的渴望,神圣之爱与世俗之爱的区别,美的三重体(灵魂、身体、声音的美)和作为任何当下美之来源的神的美的概念。洛伦佐·美第奇对于柏拉图的永恒和追寻幸福的概念特别感兴趣。这种对于身体特别的关注,使得文艺复兴远不同于中世纪。

克利斯特勒在书的第一卷第二部分提到的关于文艺复兴研究的一些角度,我举出四点,这些可以构成对中世纪与文艺复兴关系进行研究的方向。首先,最重要的一点,是人在社会和世界中的地位。克利斯特勒不无道理地坚持有必要对文艺复兴中与文人相关联的"人文主义"进行定义。问题不在于人本身的本性、生存、命运,而是文艺复兴的文人们沉浸在了我们所称之为的"人文科学"(humanités),也就是古希腊罗马伟大思想家和作家的文

---

① 克利斯特勒,《文艺复兴时期的思想与文学研究》(*Studies in Renaissance Thought and Letters*),Rome, Ed. Di Storia e Letteratura, 1956 年,第 213 页。

化之中。这种人文主义在14世纪由彼特拉克倡导，并在许多重要的领域传播开来。实际上，大部分的人文主义者不仅仅是作家或艺术家，他们也从事其他的职业，比如大学或者高中老师，国王或者市政厅的秘书，也有从事经济或政治活动的富有的中产阶级。对于克利斯特勒来说，所谓"文艺复兴时期的人文主义"的影响力是有限的，它尤其体现在教育的课程中，其中主要被古希腊罗马的著作所占据。

然而一些人文主义者倾向于过分地鼓吹人的知识力量。比如在15世纪中期，马内蒂（Florentin Giannozzo Manetti, 1369—1459）就写了一篇很长的论文赞美人的尊严与卓越，这其实是对12世纪末教皇英诺森三世的一个回应，后者曾在论文中论述人性悲惨的境况。虽然费奇诺的继承者们特别是皮科（Giovanni Pico della Mirandola, 1463—1494）也是如此，但是马内蒂的例子并不是普遍的现象。

第二个被克利斯特勒涉及的主题是奥古斯丁的影响，这一主题可以构成对中世纪与文艺复兴关系进行研究的方向。我们知道，奥古斯丁的作品极为丰富，有许多不同的诠释不足为奇，他的作品对于中世纪思想极为关键,事实上对于中世纪任何时期和任何神学、哲学的走向都产生了影响。在奥古斯丁所写的《反学院派》(*Contra Academicos*)中,他对柏拉图与新柏拉图主义有很高的评价。另外,亚里士多德主义也在 14、15 世纪的中世纪思想中发展起来,并一直延续到 16 世纪。在参考许多古代作家之后,人文主义者们开始着手阅读教父,比如希腊东正教教父巴西流(Basile)、约翰一世(Jean Chrysostome)、尼萨的格雷戈里(Grégoire de Nysse)、西里尔(Cyrille)的作品。他们阅读希腊语并将其翻译成拉丁语,在此之前这种工作从来没有进行过。

克利斯特勒也驻足于文艺复兴的思想、广泛意义上的文化与音乐之间的关系。毋庸置疑,欧洲的音乐有两个高峰:首先是在中世纪中期,法国的巴黎圣母院学派与复调音乐的发明;其次,在一段衰落后,在 15 世纪和 16 世纪的文艺复兴中,是意大利的音乐使得欧洲文化为之一振。

在完成对克利斯特勒这部力作的考察之前,我们还要引用一段他的文字。这段文字提到,文艺复兴的节日,作为集体快乐的表达,在中世纪已经出现,特别是在君主的宫廷和节日庆祝中,但是在文艺复兴时期却是无与伦比的。在克利斯特勒发现的一份材料中，一封朱利亚·美第奇(Julien de Médicis)写于 1475 年、从未发表的信描述了为佛罗伦萨市民所展示的马上比武(giostra)：

在诸多文艺复兴的公共节日之中，马上比武在意大利的许多城市，特别是在佛罗伦萨，占据了非常显要的地位，马上比武多种多样而且十分华丽。这是封建时代遗留下来的习俗(当我们想去解释这样一种富有诗意的骑士色彩气氛在意大利的延迟降临时，这可能是一个必要的因素)，但是在新的环境下，马上比武采取了一种完全不同的形式，它逐渐地失去了严肃与战斗的特性，为的是演变成一种体育表演，在这其中观众们的兴趣不仅集中于斗士们的表现，而且也被盛装打扮、在游行队伍簇拥中的比武者们的隆重入场所吸引，这样的盛大也显示了这个时代众多公共节日的特点。[1]

另一个研究文艺复兴的史学家是意大利人欧金尼

---

[1]　同上,第 437 页。

奥·加林,他的两部主要作品被翻译成了法语:《意大利人文主义:意大利文艺复兴时期的哲学与公民生活》(1947)以及《中世纪与文艺复兴》(1954)。在前一部著作中,加林一上来就罕见地与19世纪的米什莱和布克哈特唱起了反调,认为绝大多数的20世纪历史学家都重新评估了中世纪的价值而对文艺复兴进行贬低。相反,继克利斯特勒之后,加林也意识到有必要摧毁统治中世纪"观念的宏伟建筑"以及"逻辑和神学的庞大体系"①。

而文艺复兴发展的是"人文研究"(studia humanitatis):人自此以后占据了首要位置,相比之下,无论是对于中世纪的思想还是社会,上帝的分量都少了很多。特别是柏拉图主义成为灵感的模型与来源,它被认为是

> 所有开放与集中的哲学,一种对充满希望的生活的道德冥想。它也是一种有助于离开尘世以及探寻沉思的思想。②

---

① 加林,《意大利人文主义》(*L'Humanisme italien*),1947 年,S. Crippa et M. A. Limoni 译,Paris,Albin Michel,2005,第 11 页。

② 同上,第 20 页。

同样,在彼特拉克的传统中,他把思想的更新与政府和佛罗伦萨社会的演进相结合,这样佛罗伦萨的柏拉图主义运动就认为科西莫·美第奇(Cosme Médicis,1389—1464)作为新统治家族的首领,同时也是一个新柏拉图。并且佛罗伦萨文艺复兴时期的伟大思想家费奇诺总是将光明、美丽、爱情与灵魂推向前台。与弟子们一道,他将上述主题置于人之前,这就使人们要把这样一种思想定义为人文主义。最后,加林也把"反动者"萨弗纳罗拉纳入到这次运动中,后者"在这片土地上致力于创造一个与人的尊严相称的人类城邦[1]"——这样的说法与这位中世纪异端的精髓在历史上的习惯形象有着惊人的出入。

在尾声部分,加林重提在何种程度上文艺复兴的人文主义是一次"在各种可能性中对人的信心的恢复,一种对于其各方面活动的理解[2]"。他同时也强调两点,这两点深刻地影响了当代对于中世纪和文艺复兴之间关系的评价。一方面他认为,意大利是文艺复兴的中心和起源

---

[1] 同上,第167页。
[2] 同上,第323页。

地,另一方面,文艺复兴塑造出来的"新人""在这片土地上汇集了所有的冲突[1]"。

在《中世纪与文艺复兴》中,加林在文化层面上对文艺复兴进行挖掘,开篇就论述"中世纪思想的危机[2]"。他特别提到了从 14 世纪初开始经院哲学的枯竭。但是同时,他在中世纪中寻找现代的轮廓(比如阿伯拉尔与爱洛依丝的关系)与古代思想因素的重生[3]。

加林在这部著作中用大量篇幅强调文艺复兴对于人的创造力的作用。文艺复兴试图赋予人文主义一种接近于普遍的意义,其中囊括了诗歌与语文学,而且还有道德生活和政治生活,人文主义几乎成了一种新的哲学。

如果我前边介绍的这两位 20 世纪的历史学家主要是对文学、思想——对人文主义感兴趣,那么我马上要提

---

[1]　同上,第 324 页。

[2]　加林,《中世纪与文艺复兴》,C. Carme 译, Paris, Gallimard, 1969 年,第 18—19 页。

[3]　见 J. Seznec,《古代诸神的复生:论在文艺复兴的人文主义和艺术中神话传统的作用》(*La Survivance des dieux antiques sur le rôle de la tradition mythologique dans l'humanisme et l'art de la Renaissance*)(1940 年), Paris, Flammarion, «Champs» ,2011 年。

到的这个历史学家首先是一位艺术史家,20 世纪最主要的之一:美国人潘诺夫斯基。其著作的名称表明,我们在同一种与克利斯特勒和加林看法不同的文艺复兴概念打交道:《西方艺术中的文艺复兴与历次复兴》(*Renaissance and Renaissances in Westen Arts*, 1960 年),法译本的名称是《文艺复兴和它在西方艺术中的先驱》(1976 年)。艺术是他研究与思考的最根本领域;文艺复兴从单数变成了复数,没有一个文艺复兴而是多种文艺复兴;其他的文艺复兴在我们说的文艺复兴之前,这些文艺复兴就是先驱。

潘诺夫斯基首先摆脱了 20 世纪两种流行的观点,它们在普遍意义上涉及了历史的分期,也属于我们的思考范围:第一种观点想说的是,明显的历史分期是不存在的,这里潘诺夫斯基引用的是《牛津词典》①;第二种是当代著名历史学家林恩·桑代克(Lynn Thorndike)的观点,他认为"人性在所有时间里实质上都是趋于一致的②"。我们不得不称赞潘诺夫斯基敢于拒绝这两种态

---

① 潘诺夫斯基,《文艺复兴和它在西方艺术中的先驱》(*La Renaissance et ses avant-courriers dans l'art d'Occident*), L. Meyer 译, Paris, Flammarion, 1976 年, 第 13 页。

② 同上, 第 13 页。

度,它们都是在否定创造历史的可能,第一种是部分地否定,第二种是完全地否定。

文艺复兴是作为一个时代而出现的,与所有对此问题感兴趣的思想家和作家一样,潘诺夫斯基也将其追溯至彼特拉克(后者将这个时代构想为一次对希腊罗马文学的重新提炼),并且研究了这个有局限性的定义如何延伸至 1500 年左右,并伴随着一个"大的更新概念,它几乎包含了所有的文化活动领域①"。

潘诺夫斯基引用了美国哲学家乔治·博厄斯(George Boas)的观点,后者认为"我们所称之为的时代就是简单地对应了有影响的革新,这些革新不断地变成历史②"。历史的时代应该以一个伟大人物的名字来命名:我们或许有贝多芬的时代,正如我们已经在古代命名了伯里克利的时代,在现代命名了路易十四的时代③。

———————————

① 同上,第 19 页。

② 同上,第 13 页。

③ 博厄斯,"历史时期"(«Historical Periods»),《美学和艺术批评期刊》(*Journal of Aesthetics and Art Criticism*),XII,1953 年,第 253—254 页。通过在不同的世纪总结出历史分期体系的数量而得出的最全面最令人惊叹的视角,出现在 John Hendrik Jacob van der Pot 的书中:《历史的分期》(*De Periodisering der geschiedenis. Een overzicht der theorieën*),W. P. van Stockum en zoon, La Haye, 1951。

接着,潘诺夫斯基又指出 16 世纪佛罗伦萨非常有影响力的画家和艺术史家乔尔乔·瓦萨里(Giorgio Vasari)以及他献给科西莫·美第奇的著作《意大利最杰出画家、雕塑家、建筑家的生平》(1550 年)所存在的不足。瓦萨里认为自从乔托(Giotto,约 1266—1337),尤其是自从 14 世纪以来,一个全新的人性时代已经开始了,我们称之为"重生"(Rinascita),其根本动力是回到古代。潘诺夫斯基认为,我们以及当代人对于所谓的"文艺复兴"有了一个比较准确的认识——至少是在意大利——这是一个艺术、文学与政治的精英时期。在这个时期,回到古代的浪潮占据主流,这也是一个理想的时代,紧随我们越来越多地称之为"中世纪"的时代之后,其对应的是价值衰落。

法国著名的历史学家让·德吕莫(Jean Delumeau)通过他的两本主要著作,为我们提供了在整体上对文艺复兴的解读,第一本是他于 1996 年与罗纳德·莱特鲍(Ronald Lightbown)合写的[①],第二本是在 1999 年独自完成[②]。

---

① 德吕莫和莱特鲍,《文艺复兴》(*La Renaissance*),Paris, Seuil, 1996 年。

② 德吕莫,《一部文艺复兴史》(*Une histoire de la Renaissance*),Paris, Perrin, 1999 年。

让·德吕莫坚持认为,"文艺复兴"一词具有双重含义。通过回归到古代,革新的术语和观念首先在意大利交汇,尤其是在佛罗伦萨。"发起者",如果我们可以这么说的话,是 14 世纪的彼特拉克,而 16 世纪中期的瓦萨里是"总结者"。但是,正如我们所看到的,他所使用的文艺复兴一词和这个时代,伴随着浪漫主义和米什莱只在 19 世纪才出现。它超出了艺术的领域,从而应用到这一时期的主要方面,进而由黑暗的中世纪一直延伸到现代,而文艺复兴恰恰是现时代的第一个阶段。

在《一部文艺复兴史》一书中,让·德吕莫描述了新艺术从意大利的佛罗伦萨开始传播,然后由意大利传向欧洲其他国家的过程。他以一个精彩的特例作为对整个欧洲文艺复兴概论的结束:荷兰伟大的画家老彼得·布鲁盖尔(Bruegel l'Ancien,约 1527—1569)完完全全地同时忽略了古代与意大利。

让·德吕莫提到了在教导与教育领域中的演进与断裂:印刷术发挥作用,就学人数增加,大学衰落,宫廷变得重要,知识妇女以及作者越来越多,在绘画中一种新的组织形式,特别是与油画相关联的作坊出现,在 15 世纪的荷兰发明了画架,学者圈子以一种前所未有的形式重新使用古希腊的"学园"一词。在众多让·德吕莫认为是属于文艺复兴时期的技术进步之中,他特别提到了机械钟表与火药,而我则认为这些是中世纪的发明。之后,让·德吕莫以经济的繁荣作为文艺复兴的特点。我认为这种判断夸大其词了,但是我要指出——我还会讨论这一点——两种新的重要现象:在 15 世纪晚期和 16 世纪初发现美洲后,来自那里的稀有金属(金和银)的供给;自中世纪末哥伦布和小型帆船时期以来,航海技术的日趋完善。

而后,让·德吕莫又用一章写了由节日支配的日常生活。在宫廷中,有时也在大资产阶级中,一种新的气氛被推广起来,这种气氛与奢侈品和庆祝活动的发展相关联①。最后,看起来是要对这一现象进行盖棺定论,让·德吕莫以"宗教的重大转变"为题探讨宗教领域的现代性。当然,他首先想到的是宗教改革以及与基督教相分离的这一支,即新教的诞生,以及它的两种主要形式,路德教和加尔文教。显然,在那个几乎不存在无神论的时

① T. F. Ruiz 对国王和王侯阶层进行了研究:《一个国王的旅行:中世纪晚期和西班牙近代早期的节日传统》,前揭,2012 年。

代,对于所有的人来说,这都是一场重大的变革。

在最后一章"全方位视角看文艺复兴"中,让·德吕莫指出了"文艺复兴的局限",但是特别将文艺复兴定义为"向前的一大步"。这一大步,让·德吕莫归结为是"达到顶峰"的艺术、文学作品的发展。但是,除了将文艺复兴作为一个完整的时代以外,对于让·德吕莫来说,是"两件新事物改变了历史的进程":美洲的发现和环球航行的实现;拉丁语民族的基督教被分为了新教与天主教。

现在,我应该进行两个尝试性的说明。一方面,对于我来说,文艺复兴并不是一个特殊的时代:它只是漫长中世纪的最后一次重生,这一点至关重要而且理由充分,它甚至是历史时段中的一次个性化体现。另一方面,文化的全球化与西方的非中心化是不争的事实,当历史分期的原则在今天受到质疑的时候,我想指出的是,历史分期对于历史学家来说是必要的。但是现在的历史分期方法应该比人们一开始所做的"对历史进行分期"的方法要灵活。

第六章

中世纪成为"黑暗时代"

从 14 世纪开始,直到 15 世纪尤其是 16 世纪,文艺复兴时期的文化精英阶层就对中世纪充满敌意甚至是鄙视,往往还会表达出这样的态度,并且被接下来的时代,特别是 18 世纪启蒙运动的文人们所传承和加剧。这些文人称中世纪为黑暗的年代,英语是 Dark Ages。对于文艺复兴时期的人来说,这种对中世纪的指责首先是基于回到古典时代以及当时的大师们(希腊的亚里士多德和柏拉图,古罗马的西塞罗和塞涅卡),而这些古代思想者恰恰是中世纪思想所忽略并且与中世纪思想格格不入的。

然而,如果说古希腊-罗马文化实际上向中世纪思想提出了一个宗教角度上的问题，即古代人都是"不信教"的，那么中世纪思想不仅没有忽略古希腊-罗马文化的存在和价值，还时常在使用及延续它。自从中世纪的教士们把奥古斯丁当成皈依基督教的罗马文人、他们的伟大导师起，这种双重或是模糊的立场就是水到渠成的。中世纪的理性、科学以及教育思想就是借助了古代体系中的博雅教育（arts libéraux）。中世纪的这种思想一直沿用至 13 世纪，直到大学的教学体系一点点将其取代。

　　是诸多重要文化人所组成的纽带将这种"博雅教育"的基础由古代传送到中世纪。瓦罗（Varron，公元前116—前27），由凯撒任命来组建罗马首批图书馆，他就是这种传统的起源：他将博雅教育与机械、手工技术相区分。但是在中世纪，在宗教与文化的领域里，这样的区分促进了对于工作的概念与实践之间的讨论。博雅教育在古代末期由马尔提雅努斯·卡佩拉（Martianus Capella，公元 5 世纪）在他的名为《论古典学与墨丘利的结合》（*De nuptiis Philologiae Mercurii*）的诗中所提倡：这个文本在中世纪是独一无二的。这种理念由后来的两位伟大思想家卡西奥多斯（Cassiodore，公元 6 世纪）和阿尔琴（Alcuin，公元 8 世纪末 9 世纪初）继续传播，后者深受查理大帝信任,七种博雅教育被分为两个分支:"三技",研究的是文字,包括语法、修辞和辩证;"四艺",包括算数、几何、音乐和天文。

同样是在古罗马的基础上,中世纪实现了语言的重大进步:拉丁语作为教士和世俗精英的语言在基督教地区被广泛传播。当然,这样的进步是相对于古典拉丁语而言,但是它确立了欧洲语言上的统一,并且这种统一在12—13世纪以后继续进行,在接下来的时代里,各种方言(比如法语)在社会的最底层和日常生活中,取代了过时的拉丁语。中世纪是比文艺复兴要拉丁化得多的时代。相比于古代,阅读与写作在中世纪更加广泛。不仅是就学率的上升(也包括女孩的就学率),而且比莎草纸更便利的羊皮纸,尤其是由可翻页做成的书(codex)在公元4—5世纪取代了卷轴书(volumen),这些都促进了阅读的传播。在写作方面,如果说中世纪的作者们(scriptores)没能够将写作方式统一,那么文艺复兴的成就之一,就是把被称为罗马式的并由彼特拉克传播开来的人文主义写作确立下来。相比于中世纪,文艺复兴另外一个成就是在拉丁语的基督教化中重新发现了古希腊语,这次重新发现在君士坦丁堡于1453年被土耳其人攻陷之后，由流亡到西方的拜占庭文人们继续推广。

在 15 世纪与 18 世纪末之间，思想家们感觉到，他们沉浸在了以中世纪为代表的黑暗之中，并且伴随着一种理性思想的倒退，理性思想让位于奇迹、超自然、激情。然而，中世纪大部分教士以及实行于大学和学校（école）之中的教育体系，都是近乎严格参照理性，更确切地说是两种意义上的理性（ratio）：缜密思想的理性和精细盘算的理性。在中世纪，相比于动物性，人性的特征是理性。理性的至高无上，在奥古斯丁与波依斯（Boèce）的思想中都有所体现。在 13 世纪，像大阿伯拉尔或者托马斯·阿奎那这样的经院哲学家都重新诠释艾萨克（Issac）在《定义书》（*Livres des définitions*）中的观点：“理性诞生于智慧的黑暗处①。”在神学中，理性与权威相对立，但是确实，中世纪的形式理性阻碍了科学理性的发展，而文艺复兴就是让这种阻碍消失。

玛丽-多米尼克·舍努（Marie-Dominique Chenu）神父说明了理性如何更多地被引进到神学中，并且在

---

① “理性”（«Raison»）词条，Cl. Gauvard, A. de Libéra, M . Zink（主编），《中世纪词典》（*Dictionnaire du Moyen Âge*）, Paris, PUF, 2002 年，第 1172 页。

13 世纪将神学转换成科学①。关于经院哲学，我们将在尼古拉·维尔-帕罗（Nicolas Weill-Parot）②的著作中发现他对于"中世纪经院科学思想的深刻理性"的阐述。

现在，让我们开始考虑地理因素。我们前面已经提到，我们最后称之为文艺复兴的这场运动开始于意大利，详细的研究表明各个城市在这其中发挥了重要作用，特别是热亚那、佛罗伦萨、比萨和威尼斯。然而，我们可以说，意大利是历史分期的一个麻烦制造者（trub-lion）。

---

① 舍努，《12 世纪的神学》（*La Théologie au XII*ᵉ *siècle*）（1957 年），第 3 版，Paris，Vrin，1976 年，以及《13 世纪作为科学的神学》（*La Théologie comme science au XIII*ᵉ *siècle*）（1969 年），第 3 版，修订增补版，Paris，Vrin，1969 年。当代以来，关于中世纪的理性特别是 13 世纪的理性的多种视角及其重要性的最重要的著作是 Alexander Murray 的《中世纪的理性和社会》（*Reason and Society in the Middle Ages*），Oxford-New York，Clarendon Press-Oxford University Press，1978 年。

② 维尔-帕罗，《自然的盲点：中世纪科学理性面对玄密、空洞的恐惧和魔幻的吸引（13 世纪到 15 世纪中叶）》（*Points aveugles de la nature. La rationalité scientifique médiévale face à l'occulte, l'attraction magnétique et l'horreur du vide（XIII*ᵉ*-milieu du XV*ᵉ *siècle*））, Paris，Les Belles Lettres，2013 年。

实际上,在古代,意大利因为伊特鲁里亚,特别是罗马帝国的强大被突显出来。在中世纪,由于政治分裂,并且教皇于 14 世纪迁往阿维尼翁,意大利只能通过艺术上非凡的成就(特别是在佛罗伦萨与威尼斯)来弥补其在政治上的薄弱。吉罗拉莫·阿纳尔迪(Girolamo Arnaldi)已经指出,自中世纪前期,意大利就总是完全或部分地被外来者统治,意大利对于欧洲,首先对于它的入侵者而言都仍是一丝曙光[①]。

同样,如果说在 14 与 15 世纪,意大利才是文艺复兴艺术与文化的前沿阵地,那么德国,尤其是德国南部,以原创的形式紧随意大利的步伐[②]。

历史分期的工作迫使历史学家要在人们所处时代的尽可能大的空间中,考虑主流思想。中世纪以一个悲观的注解而开始。罗马教廷已经承认了奥古斯丁的历史分期,即世界的六个阶段,第六个也就是最后一个就

---

① 阿纳尔迪,《意大利和它的入侵者们》(*L'Italia e i suoi invasori*),前揭。

② "德国,1500 年:另个一文艺复兴"(«Allemagne, 1500. L'autre Renaissance»),《历史杂志》(*L'Histoire*),第 387 期,2013 年 5 月,第 38—65 页。

是人们自此所生活的时代,在这个时代中,人们等待最后的审判之后的不朽。但是,被记住的箴言是 mundus senescit,即"世界衰老",在编年史以及教堂的布道之中,都有这样的观点,即世界会解体,它走向的不是拯救而是失落。

尽管如此,在某些修道院中,很快就有一些教士不同意这样的观点。他们声称,当下的人相比于古人应该被视为现代人(moderni)。他们没有去建立中世纪的绝对优越性,而是专注于重振他们所生活的这个世界的品质和视角。中世纪,在某些人看来,成为现代性的一个时间段——现代性这个词,在过去、现在与未来的对立中,有着举足轻重的意义。

中世纪哲学史家吉尔松(Etienne Gilson)将他的一篇文章命名为"作为现代世界的中世纪"(« le Moyen age comme *saculum modernum* » [1])。当然,他考虑的是,生活在中世纪的人们意识不到他们的时代会被称作什么,应该询问他们在长时间内如何看待自己的时代,对于编年

---

[1]　吉尔松,"作为现代世界的中世纪"(«Le Moyen Âge comme *saculum modernum*»),载 V. Branca(编),*Concetto,storia,mitti e immagini del Medio Evo*,前揭,第1—10页。

史家来说是历史的时间,对于大多数男人与女人来说是记忆的时间。但是这些男人女人们,自从查理大帝开始,就认为古人的时间延续到了现在;接着,他们捏造出这样的观点,即古希腊与古罗马的知识被传播到了西边,特别是传到了高卢:这就是知识的传承(translatio studii)。公元 11 世纪标志着与古代的脱节,辩证论者们用逻辑这门主要技艺代替了语法,科学战胜人文的序幕才刚刚拉开。在 11 世纪末,坎特伯雷的安瑟姆(Anselme de Canterbury)使雄辩术(eloquentia)让位于作为知识标准的辩证法(dialectica);人们开始使用亚里士多德的逻辑以及自称为“现代的”经院哲学。

当然,吉尔松指出,现代性的概念被一些思想保守的人用作了贬义词。因此,在 12 世纪初,吉伯特(Guibert de Nogent)在他的自传里说到了腐败,而现代的世纪将腐败带到了思想与道德中。但是,在索尔兹伯里的约翰(Jean de Salisbury)的《论形而上逻辑》(*Metalogicon*, 1159 年)中,他确信人类转向史无前例的现代性:

> 一切都变得崭新,人们更新了语法,辩证法被改变,修辞术被鄙视;至于“四艺”,人们摒弃了先前所

遵循的规则，从哲学深处提取出新方法并加以运用①。

在 14 世纪，弗拉芒教士热拉尔·格鲁特（Gérard Groote, 1340—1384）大力鼓吹进行必要的教会改革：这就涉及将基督徒的灵性贴近对耶稣的模仿。这场运动有一个名字，就是"现时代的虔诚"（devotio moderna），而运动中的许多意向在 16 世纪被耶稣会的奠基人依纳爵·罗耀拉（Ignace de Loyola）所延续。因而当被我们称之为"文艺复兴"的运动和时期的倡导者们出现时，他们首先开始批判"中世纪"的现代性。由此，15 世纪佛罗伦萨的建筑师菲拉海特（Le Filarète）在他的《论建筑》（1460—1464）中说："我敦促大家都放弃使用现代一词，不要再听从大师们的意见，他们只是在实践一种粗糙的体系。"②

实际上，历史学家们认为，"现时代的虔诚"最主要的成就是《师主篇》（L'Imitation de Jésus-Christ），人们习惯上把它归到托马斯·肯皮斯（Thomas a Kempis, 1379 或

---

① 同上，第 5 页。
② 同上，第 9 页。

1380—1471)名下,它是宗教的前文艺复兴的代表作。《师主篇》把对圣经的阅读、对教会改革的担忧以及个人统一行动和沉思的灵性(依那爵·罗耀拉称之为慎重[discretio])放在首要位置进行论述。

我们看到,采用"现代"这一概念是一种十分巧妙的做法,因为"现代"同时具有褒义和贬义的色彩。但这一概念不能为变化的方向或日后我们称之为进步的事物提供标准。早在12世纪,哲学和神学思想的革新者们就已经将贝尔纳(Bernard de Chartres,死于约1126年之后)大师的箴言传播开来:

> 我们是一群站在巨人肩膀上的小个子。之所以我们比他们看得更多、更远,不是因为我们的视力比他们好,或者我们长得比他们高,而是因为他们把我们举在空中,把我们举过他们高大的身体[①]。

反感于经院哲学家们的晦涩,文艺复兴的文人们对

[①] 索尔兹伯里的约翰,《论形而上逻辑》(*Metalogicon*),III,4,《拉丁教会圣师著作全集》(*Patrologia Latina CXCIX*),col 90,D. D. McGarry(编),Berkeley,University of Califonia Press,1962年,第167页。

studia humanitatis(我们已经研究过的人文主义)的思想与文化体系加以突出。但是这种围绕人而进行的思想组织结构是古老的：它在我们所称之为的中世纪和文艺复兴中都曾出现过。

我们已经恰如其分地特意论述了贝尔纳的人文主义。玛丽-多米尼克·舍努神父认为此种人文主义统治着12世纪的神学，依赖其丰富的思想，我想引用我之前著作中的一段："人是创世的对象和中心，Cur Deus homo? 这一问题就具有论战的意味了，'为什么上帝要创造人？'①"

圣·格里高利(Saint Grégoire)所持的传统观点认为，人是创世的一场意外，一个仿造品(ersatz)，一个替代品(bouche-trou)，他不经意地被上帝创造，为的是取代那些背叛后堕落的天使。但是贝尔纳在发展了安瑟姆的思想之后进而驳斥这样的观点，他认为，在造物主的计划内是有造人这一项的，而且世界就是为人而造。12世纪伟大的神学家之一，欧坦的霍诺留(Honorius d'Autun)，在

_____

① 勒高夫，《中世纪的知识分子》(Les intellectuels au Moyen Âge)，Paris, Seuil, 1957年，第57页。

英国坎特伯雷的安瑟姆学院学成后,也坚持认为,"这个世界是为人而造的①"。人首先是一个理性的生命:这就涉及人文主义的理性主义,但是最终人要吸收世界的营养,进而成为世界积极而有意义的缩影。这就是我们在从贝尔纳·西尔维斯特(Bernard Silvestre, 12 世纪)到里尔的阿兰(Alain de Lille, 1128—1203)那里,以及在众多的细密画(miniatures)中都能看到的人的微观形象,其中著名的当属意大利卢卡(Lucques)保留的希尔德加德·冯·宾根(Hildegarde de Bingen)的《神之功业书》(*Liber diviorum operum*)。

能最好地反映 12 世纪思想文化复兴特点的,可能就是维克多学派(École des Victorins)了。它由一群神学家构成,其中包括圣维克多的休格(Hugues de Saint-Victor),处于巴黎城郊的边界上(现在还存在圣维克多路)。圣维克多死于 1141 年,他写了一本哲学与神学的阅读教材《阅读的艺术》(*Didascalicon de studio legendi*),一本关于圣事的论著《论基督教信仰的奥秘》(*De sacramentis christianae fidei*),以及中世纪最早的神学大全之一,最后还有一

---

① 同上,第 59 页。

本对于伪狄奥尼修斯（Pseudo-Denys）的评论，这部评论在 13 世纪被纳入巴黎大学的教程，这也成为延续 12 世纪复兴的工具之一。圣维克多是博雅教育的改革者，他转向了沉思，转向了古代思想一般意义上的沉思，他无愧于"新奥古斯丁"的称号。

我们注意到，如果不对 17 世纪采取批判和鄙视的眼光来看，这个灰色的时代谨慎地保留了中世纪复兴的理念，有不少人摆脱了当时的环境，为的是可以追思某个状态，缅怀某个家庭，纪念某一地点等等。圣路易在法国的情况就是如此。圣路易是法国皇家的保护神，也是路易十三尤其是路易十四的保护主，他带着这份荣耀到海外的各地区，那里住着法国人，比如在路易十三的统治下，大约 1638 年在塞内加尔建立的第一个法国机构就是以圣路易来命名，而在北美洲，圣路易斯城于 1764 年在密苏里河和密西西比河的交汇处建立。圣路易的军事和皇家兵团由路易十四于 1693 年创立，大革命期间于 1792 年被取消，又由波旁复辟王朝在 1814 年重新设立，最终在 1830 年与查理十世的统治一同消失。至于巴黎的圣路易岛，它在 1627 年才得此名称，它由塞纳河中的两个小岛合并而成^①。

哲学在中世纪被称为经院哲学,因为它是在学校里也就是大学里教授的,经院哲学也是 16 世纪乃至 18 世纪的文人们,尤其是哲学家们批评甚至是拒斥的中世纪的主要事物。作为形容词的"经院"出现在 13 世纪,从 16 世纪开始它指的是受神学强烈浸染的一种思想类型。直到伏尔泰写道:"经院神学是亚里士多德哲学的私生女,它错误地被翻译而不被接受,它让理性和好的学问犯错,而匈奴人和汪达尔人都不曾这样做过。^②"

尽管欧内斯特·勒南(Ernst Renan)在 19 世纪恢复了中世纪及其思想的名誉,但是我们仍然可以在他的《耶稣传》中找到以下评价:"经院文化的实质就是封闭所有精巧事物的精神。^③"无论在表达上的细微差别是什么,对于中世纪的评价停留在:这个时代的男人和女人们是

---

① 两个小岛分别为瓦什岛(île aux Vaches)和圣母岛(île de Notre-Dame)。——译注

② 这段《风俗论》(*Essai sur les moeurs*)节选被引用在了"经院"(«Scolastique»)这一词条中,载 A. Rey(主编),《法语文化词典》(*Dictionnaire culturel en langue française*),Paris, Le Robert, 2005 年,第 4 卷,第 632 页,它又补充道:"这种古典时期的判断,在今天已经完全行不通了。"

③ 同上。

蛮人。

我们知道,中世纪是一个具有浓厚宗教色彩的时代,它被教廷的权势和近乎普遍性的信仰力量打下了烙印。确实,16世纪才有宗教改革所带来的分裂,并且发生了惨烈的宗教战争。基督徒的信仰自此至少是以两种形式出现,传统的天主教和新的改革宗教,也就是我们说的新教,它包括若干派别:在英国的英国国教,在欧洲大陆的路德教与加尔文教,路德教在日耳曼地区以及欧洲北部传播较广,加尔文教则是在罗曼语系的地区传播。但是它们还都是基督教。只是在17世纪,才出现一群没有信仰的文人——不信教者(libertins)。有名的不信教者当属伽桑狄(Gassendi,1592—1655),他是哲学家和法兰西公学院的数学教授。不信教者还在莫里哀的戏剧中出现,比如在《伪君子》和《唐璜》中,但是法兰西学术院直到1762年在第四版字典中,才收录这个词。

如果说"文艺复兴"在某一个领域中的革新是不可否认的,那这个领域就是艺术。但是,最重要的演变可能是我们所说的现代美。而这种美在中世纪时就已经出现了。这种转变在翁贝托·艾柯(Umberto Eco)的《中世纪美学中的艺术和美》中被出色地研究过。正如他所强调的,文艺复兴时期的人对中世纪的指责之一就是,这个时代没有对"美的感知"的认识[①]。翁贝托·艾柯坚决不同意这样的观点,即经院哲学压制了美的意义,他以令人信服的方式说明中世纪的哲学与神学产生出了大量的美学问题。他没有特别地考虑某些作品,而是思考一般意义上中世纪时期对美学的关心。读者也可以从其他关于中世纪艺术的作品出发,对这一问题进行沉思或反思,比如,亨利·福西永(Henri Focillon)的《罗曼雕塑家的艺术》(1931年),特别是《西方的艺术》(1938年)。他认为这个时期不仅产生了罗曼式、哥特式教堂这样的艺术杰作,而且正是因为想要将这种美的感觉表达、创造并献给上帝与人类,才蜕变出了这些作品。

中世纪生产出大量的杰作,特别是在小彩画(enlu-minure)领域,可惜大部分已经看不清了。

[①] 艾柯,《中世纪美学中的艺术和美》(*Arte e bellezza nell'estetica medievale*),Milan,Bompiani,1987年,再版于《中世纪思想》(*Scritti sul pensiero medievale*)卷,Milan,Bompiani,2012年;《中世纪美学中的艺术和美》(*Art et beauté dans l'esthétique médiévale*),M. Javion 译,Paris,Grasset,1997年,第26页。

中世纪也造就了艺术家，这里的艺术家不是简单的手工艺者，而是一个想要创造美的人。他可以为此奉献一生，这对他来说已不再是一个职业而是一种宿命，这样的人在中世纪社会中获得了荣耀，而这是中世纪早期的建筑师、画家和雕塑家，以及那些没有留下名字的人所无法享有的。另外，成功的人、获得认可的人可以绰绰有余地靠自己的作品生活，并且在货币大量通行的 13 和 14 世纪跻身于社会的上层，即富人行列。

第一个在当时被同行艺术家所承认的是乔托。他从 13 世纪末到 14 世纪初扎根在可能是意大利最富有最漂亮的城市佛罗伦萨。如果他的成就表现在关于圣方济各的壁画以及位于佛罗伦萨的圣十字教堂中的壁画，那么人们之所以开始认可他的艺术家头衔，可能是因为他在帕多瓦的斯克罗威尼礼拜堂中所画的装饰画。

在宗教建筑领域，如果不是从罗曼艺术风格转化到阿兰·爱尔兰德-勃兰登堡（Alain Erlande-Brandenburg）所称的"12 世纪的哥特革命"[①]，那么我们不认为在中世

---

① 爱尔兰德-勃兰登堡，《12 世纪的哥特革命》(*La Révolution goth-ique au XII*ᵉ *siècle*)，Paris，Picard，2012 年。

纪有多么大的变化。然而,财政危机、黑死病带来的经济后果以及数次的战争,导致教堂资金枯竭,一些项目不能完成——特别是在锡耶纳。

相反,在世俗建筑方面,一场深刻的变革正在进行:这与城堡有关。实际上,直到14世纪,领主的坚固城堡首先是一处避难和防御之所。但是面对战争中使用越来越频繁的大炮,城堡几乎抵挡不了什么,所以它也就从军事场所转换成享乐的地方。楼梯、家具以及散步的地方等等都被精心地打理。

在绘画方面,15世纪中叶在弗拉芒地区出现的架上油画,只能属于文艺复兴时期而不是中世纪,但是一项主要的发明毋庸置疑是中世纪的,这就是追求相似度并且往往以真人为模特的肖像画。这也就使得过去许多男男女女精细的图像一直汇聚到了今天。特别是,一种决定性的进步体现在了对个人价值的提升上。实际上,肖像画是关于脸的,而脸是身体的一部分,身体也就从那时起在历史记忆中占有一席之地。

一个名叫格哈特·拉德纳(Gerhart B. Ladner)的文艺复兴艺术史大家认为,这一时期的艺术区别于中世纪艺术的一个主要特点,就是它使得草木看起来更加茂盛①。确实,在这里,草木有一种象征的含义。但是它的蓬勃发展,在拉德纳看来,揭示了文艺复兴的概念,文艺复兴也就成为中世纪冬天之后的秋天。

中世纪也充满了鲜花、绿叶和树木。几乎每个人都感觉自己与亚当、夏娃同时出生在伊甸园,在某种程度上不曾离开。实际上,原罪把人从这种草木的欢愉中拉了出来,但是原罪也赋予人工作,这个工作可以让人同时从草木中找到食物和美丽,而正是这样的美丽让人隐约看见了天堂。

在热罗姆·巴谢(Jérôme Baschet)、让-克劳德·博纳(Jean-Claude Bonne)和皮埃尔-奥利弗·迪特马尔(Pierre-Olivier Dittmar)合著的《罗曼的世界:超越善与恶》中,他们用一章来讨论"草木"②。这是一个象征的世界,草木让教堂蜕变成一个精神圣地。但是也存在着一些简单的植被。同其他领域一样,在这个领域中,文艺复兴只

---

① 拉德纳,"草木的象征和文艺复兴的概念"(« Vegetation Symbolism and the Concept of Renaissance»),载 M. Meiss(编),《纪念欧文·潘诺夫斯基文集》(*Essays in honor of Erwin Panofsky*),New York,New York University Press,1961 年,第 303—304 页。

② 巴谢、博纳和迪特马尔,《罗曼的世界:超越善与恶》(*Le Monde roman. Par-delà le bien et le mal*),Paris,Arkhe,2012 年。

是延续了中世纪,将象征圣母玛利亚的紧闭的花园,向人类开放:

> 你是一个关闭的花园
>
> 我的妹妹,我的未婚妻,
>
> 一个封闭的源泉,
>
> 一个密封的喷泉。
>
> 你的嫩芽遍布花园,那里种满了石榴树
>
> 更有极其美味的水果,
>
> 女贞树散发着甘松香①

在但丁的《神曲》这部中世纪最伟大的文学杰作中,当贝雅特丽齐一从炼狱进入到天堂,周围就开始发芽、开花。在 13 世纪最成功的小说之一《玫瑰传奇》(*Le Roman de la rose*)中,主人公是一朵花,故事在象征植物生长的阶段中展开。

现在让我们谈一谈音乐。社会学家诺博特·埃利亚斯(Norbert Elias)写了一部关于莫扎特形象和职业生涯

---

① Ct, IV, 12—13。

的书,名为《莫扎特:一个天才的社会学》①。他在书中讲述,在 1781 年到 1782 年间,正是因为摆脱了父亲的阻挠,并切断了与他最初的赞助人萨尔茨堡神父和奥地利皇帝庸俗的关系之后,作曲家才成功地从手工艺人转变为独立艺人。通过莫扎特的例子,个人成功地体现了自己的价值。本质性的事件标志着从漫长的中世纪到现时代的过渡。

在中世纪和文艺复兴之间兴起了一种活动,它引起教廷和基督教社会的骚动不安:巫术。这里要说两个细节。首先,米什莱将巫术的传播定在 14 世纪,但是他参照的是一本日期错误的著作:它实际上开始于 15 世纪。其次,巫术本质上是一种女性现象:它自此影响了社会对女人的看法。正如传统所希望的那样,在文艺复兴时期,女性并不是被尊重和崇拜的目标,而是一个含糊的存在,介于上帝和魔鬼之间。

"巫师"大概出现在 12 世纪,自从托马斯·阿奎那在

---

① 埃利亚斯,《莫扎特:一个天才的社会学》(*Mozart sociologie d'un génie*),Paris,Seuil,«La librairie du XXIᵉ siècle»,1991 年。

他的《神学大全》(13 世纪下半叶)中将其定义为一个与魔鬼签订协议的男人以后,这个词就有了其全部的意思。女巫师也就在 15 世纪成为一个魔鬼式的人物,并且她的神话形象就此确立:一个女人骑在一把扫帚或一根棍子上在天空中飞。女巫师因此常常是一个所谓从古时候和中世纪"复活"了的人。

如果说中世纪在这一方面起到作用的话,那就是社会在面对巫术时产生了恐惧。特别是,大约在 1260 年,教皇亚历山大四世委派宗教裁判所的人小心地跟踪这些巫师,当他们的行动被认定是异端行径时就烧死他们。就是在这样的新的精神状态和教廷新的态度下,托马斯·阿奎那才增加了与魔鬼签订协议这一要素。15 世纪以上天安息之名,补充了这幅恐慌的画面。在 1632 年,发生了最有名的镇压事件,在卢丹(Ursulines de Loudun)发生了一连串恐怖的事情,最后本堂神甫乌尔班·格兰迪尔(Urbain Grandier, 1590—1634)被判处火刑。

尤其是在文艺复兴已经开始的时候,两个德国的多明我会教徒,海因里希·克雷默(Henry Institoris)和雅克·斯普林格(Jacques Sprenger)在 1486 年出版了著名的《女巫之锤》(Malleus maleficarum),一本暴力镇压巫师的手册。

让-帕特里斯·布代(Jean-Patrice Boudet)指出,在 15 世纪巫师被称为"夫多瓦"(一种于 1459 年到 1460 年在阿拉斯[Arras]流行起来的不正之风)。他认为,是康士坦斯(Constance,1414—1418)大公会议,尤其是巴塞尔(1431—1449)大公会议上的讨论增加了这本书的影响力①。他也强调,法国当时修改了叛逆罪,使其适用于巫术。所以巫术现象与政治分期有一定的联系,我在后面会再次提到。

我最后要引用英国历史学家罗伯特·戴维斯与伊丽莎白·林德史密斯的著作,标题为"文艺复兴的男人和女人们",副标题是"现代世界的创造者"。该书一开头就武断地肯定了中世纪与文艺复兴之间的对立,以及后者的新特点:

> 在照亮欧洲文化世界五个世纪之后,文艺复兴继续呈现出现代性之春天的样子,此时,中世纪的疯狂和恐惧让位于了希望②。

---

① 布代,《恶与魔鬼:它们在中世纪末期的形象》(*Le Mal et le Diable. Leurs figures à la fin du Moyen Âge*),Paris, Beauchesne,1996 年。

② 戴维斯和林德史密斯,《文艺复兴的男人和女人们:现代世界的创造者》(*Hommes et femmes de la Renaissance. Les inventeurs du monde moderne*),J.-P. Ricard et C. Sobecki 译,Paris, Flammarion, 2011,第 9 页。

作者强调，这场从大约 1500 年开始在整个欧洲传播的运动始于意大利——我们在这里又一次看到了意大利作为特殊的地理和文化范畴在分期史中的重要性。

但是，他们的论断看似有点自相矛盾，因为他们又说："实际上，就像作为演员的人一样，这个时代也有阴暗面。[①]"他们说的是 1486 年《女巫之锤》的出版：

> 大屠杀、宗教裁判所以及千禧年的宗教运动，这些都在文艺复兴期间取得了在中世纪从来没有过的成功[②]。

我们可以看到，在漫长的中世纪(到 16 世纪为止)与早熟的文艺复兴(在 15 世纪初就已露出端倪)之间，二者既共存，有时又会冲突。我在之后还会谈到过渡时期和转型的问题，但是，我们现在可以提到一个中世纪和文艺复兴看起来组合、重叠的时期：15 世纪。

帕特里克·布舍隆在他所编的《15 世纪的世界历

---

① 同上，第 9 页。
② 同上，第 9 页。

史》一书的导言中指出,没有统一的世界,而只有"相连结的世界"。这本著作介绍了"世界的领土"这一概念。我们先不管欧洲的边缘地带,即地中海和伊比利亚半岛。该书分别在两章中谈到了两个整体:皮埃尔·莫奈论述的"王冠的帝国:欧洲中心的选举君主制和个人的联盟",以及让-菲利普·热内讨论的"法国,英格兰,荷兰:现代国家"①。

让-菲利普·热内在其研究的空间中发现了一个关键性的新事物,即语言学上的演变。拉丁语在 15 世纪被各国的语言取代,仅成为学者使用的语言。实际上,让-菲利普·热内看到在这个欧洲空间中所显示出来的是民族与国家,其通过税收而被确立。

一个关于历史分期的结论也就可以得出了。断裂是罕见的。常见的模式,是或长或短、或深或浅的转变,是转向,是内在的重生。

---

① 帕特里克·布舍隆(编),《15 世纪的世界历史》,前揭。

第七章

漫长的中世纪

现在要说明的是，无论是在经济、政治还是社会、文化领域中，在 16 世纪，甚至直到 18 世纪中叶之前，都不曾有过能证明将中世纪与一个新的、不同的时代即文艺复兴相分离的根本改变。

在 15 世纪末，发生了一件对欧洲意义重大的事件：克里斯托弗·哥伦布发现了他所认为的东印度，实际上却是后来被称之为"美洲"的新大陆。这种在世界范围内流通的扩大化由 16 世纪初麦哲伦的环球旅行而完成和扩展。但是，只是从 18 世纪中叶开始，欧洲才体会到这些发现的主要影响。只是在 1778 年美国建国之时，美洲对于旧大陆来说才是一个对话者，而对于南美洲来说，从

1810 年开始,在玻利瓦尔将其从西班牙殖民统治下解放出一大部分以后,欧洲才对其有兴趣。

而远洋航海,这个比欧洲殖民化更重要的东西,实际上只是在 18 世纪中叶以后,尤其是在 19 世纪才发展起来,但是自中世纪开始,人们就开始组织远洋航海了。能够让欧洲人进行远洋航海的,是 13 世纪指南针、尾舵和方帆的引入。欧洲有两个地方,即北部和地中海沿岸,经常由运载货物和人的大型帆船相联结。第一次常规航行发生在 1297 年,从热亚那到布鲁日。费尔南·布罗代尔提醒道,里斯本在 13 世纪就有了"中转站上的"突飞猛进,"这个中转站,一点点地成为活跃的、海上的、周边的、资本主义的经济的范本①"。我在后面还会反驳"资本主义"这个词;我们应该毫不犹豫地指出,这种主要活动的诞生,大部分归功于海上的航行,它从中世纪开始就诞生了,而传统的史学则认为是从 15 到 16 世纪才开始的。

然而,布罗代尔指出,除了专门的骑马的信使外,水路或陆路的运输发展是缓慢的。只是从 18 世纪开始,法

①　布罗代尔,《物质文明与资本主义,15 世纪—18 世纪》(*Civilisation matérielle et capitalisme*, *XVᵉ-XVIIIᵉ siècle*), Paris, Armand Colin, 第 308 页。

国的大路才变得方便和快捷。法国邮局的租费,在 1676 年到 1776 年之间,从 122 万先令增长到 880 万先令;造桥修路的预算,从 70 万先令增长到 700 万先令。国立桥路学校在 1747 年建立。

阿兰·塔隆(Alain Tallon)在他的《文艺复兴的欧洲》一书中强调:

> 文艺复兴时期的欧洲经济,在很大程度上保留了传统生产体系的内在脆弱性。在绝大多数的土地上,缺少耕种体系的实际改变,进而缺少农产品产量的显著提高,所以这种经济不能够增长[①]。

欧洲的农业经济,在中世纪有一定的增长:铁犁的发明使得耕地被挖深;三年一期轮种的推广,使得每年三分之一而不是一半的农田休耕。马取代牛成为牵引的动物。但是,在欧洲,一种长久的农业经济在 16 世纪甚至

[①] 塔隆,《文艺复兴的欧洲》,Paris,PUF,《Que sais-je?》,2006 年,第 52 页。

更晚才出现。这种农业特性也在加强，正是因为商业以及新兴的银行将其很大一部分收益重新投入到土地中，才使得农业变得繁荣。在意大利，这指的是热那亚和佛罗伦萨的银行家，在法国，是弗朗索瓦一世的财政大臣们[1]。

中世纪与文艺复兴之间另一个相连续的因素是对经济思想的总结。它的出生证明可能就是"价值"这个词在理论意义中的出现，是伟大的经院神学家大阿伯拉尔大约在1250年将其从亚里士多德的《尼各马可伦理学》中翻译出来的。西尔万·皮龙（Sylvain Piron）令人信服地指出，多明我会的异教徒彼得·奥利维（Pierre de Jean Olivi）所著的《契约论》（*Traité des contrats*，大约1292年），让经济思想有了很大的进步。"稀有"、"资本"、"高利贷"等概念被介绍出来，并引发了理论和实践上的积极讨论[2]。对高利贷的禁止，也就是禁止在借款上收取利息，大约在1187年随着教皇乌尔班三世的谕令颁布而达到顶峰，随后就一点点消失了：在1804年的《拿破

---

① 同上，第60页。

② 彼得·奥利维，《契约论》，皮龙整理出批评性版本并加以介绍、翻译及评论，Paris, Les Belles Lettres, 2012年。

仑法典》中就没有这一禁令。1615 年,安东尼·德·蒙特雷蒂安(Antoine de Montchrestien, 1575—1621)在一篇论文中援引了"政治经济"的概念,而"经济"一词在此之前都是"家庭管理"的意思,即古希腊语与亚里士多德著作中的意思。资本主义的西方由此经历了长期的演变,在其经济与社会的基础上,它忽略了文艺复兴的断裂。

布罗代尔的巨著《物质文明与资本主义》(1967 年)对于思考中世纪与文艺复兴之间的连续性很有帮助。旧制度下的农业欧洲,从 11 至 12 世纪的腾飞到法国大革命之前,收成都与饥荒相关。法国是布罗代尔首要考虑的国家,它在 10 世纪有 10 次饥荒,11 世纪 26 次,12 世纪 2 次,13 世纪 4 次,15 世纪 7 次,16 世纪 13 次,17 世纪 11 次,18 世纪 16 次。鼠疫,最可怕的传染病,如果不算上疫情在 15 世纪与 16 世纪的中止,那么从 1348 年到 1720 年,它经常性地让欧洲遍布死尸[①]。

----

① 布罗代尔,《物质文明与资本主义,15 世纪—18 世纪》,前揭,第 55 页。

布罗代尔还强调,直到 18 世纪,欧洲人在饮食上以素食为主①。法国是一个例外,它的主要食物是肉,但是肉的食用量在 16 世纪,并没有像支持文艺复兴的人所说的那样是增加的,相反它从 1550 年就开始大幅下滑。从欧洲以外的地区进口的饮料和蔬菜,自 16 世纪开始,只有略微的增加:比如巧克力、茶(英国的、荷兰的和俄罗斯的),甚至咖啡也是 17 世纪中叶才开始在欧洲出现,对其消费的显著增长只是从 18 世纪中叶才开始,从而成为南欧和中欧饮食的一种主要搭配。直到 18 世纪,小麦或者是黑麦、混合麦等的产量仍很低,肥料还是人和动物的粪便。在引发大革命的诸多混乱中,1789 年夏季的欠收可能要被更多地考虑。

从 11 世纪开始,磨坊的增多使得面包增产,面包成为欧洲食物的基础。它的价格依照质量而改变,差距表现在农民吃的黑面包和中产者以及领主吃的白面包。但是,正如布罗代尔所写:

只是在 1750 年到 1850 年之间,才真正进行了

---

① 同上,第 78 页。

一场白面包的革命；小麦取代了其他的谷物(也是在英国，面包越来越多地由去了大部分麦麸的面粉制作而成)①。

高级阶层要求好的食物既有口感又有益于身体健康。发酵面包流行起来，比如，狄德罗强调，在饮食结构中长期忽略牛奶是不合理的。一所国立的面包学校在1780年建立，拿破仑的军队在横扫欧洲的过程中，成了这种"美味的白面包"的宣传者②。

同样是在中世纪，北欧的捕鱼业和保存的新技术让鲱鱼成为欧洲人的一种食物。从11世纪开始，大型鲱鱼业使得荷兰人和泽兰人强化了汉萨捕鱼联盟。大约在1350年，一个荷兰人发明了一种在小船上快速掏干鲱鱼内脏、将其腌制并"挤塞"(保存)在桶里的方法：鲱鱼自此就能被运输到整个欧洲，尤其是威尼斯。

胡椒，这种在欧洲厨房中的主要配料是从东方传过来的，对它的食用量也是逐年增加，只是到了17世纪中

---

① 同上，第106页。
② 同上，第106页。

叶才开始下降。

在这种连续性中,应该注意一种有着美好未来的新事物:烧酒。它的出现算是晚的,正如布罗代尔指出,如果 16 世纪"可以说创造了它"①,18 世纪的时候它才普及。长久以来,在修道院里生产的烧酒属于一种药,由医生和药剂师提供,用于治疗鼠疫、痛风或者失声。随后,它的消费量慢慢增加,到了 18 世纪达到峰值。但是比如出产于阿尔萨斯、洛林和弗朗士-孔岱的樱桃酒,直到 1760 年在巴黎还是被当作药来使用。

如果我们看一下金属的制造和应用(这个领域只在 18 世纪工业化初期英国的工厂里才有),就应该注意到从中世纪到文艺复兴,乃至以后,金属使用的连续性。马修·阿尔努(Mathieu Arnoux)写道:"中世纪的物质文化也许仅仅是一种铁器和木头的文明。②"在数量上,铁被大量地用于建造教堂以及打造进步的农业工具(铁犁和犁壁)。马的使用更为广泛,不仅是充当战马,而且也用

① 同上,第 180 页。
② "铁"(«Fer»)词条,载 Cl. Gauvard, A. de Libéra, M . Zink(主编),《中世纪词典》,前揭,第 523 页。

作牵引的牲畜,这样在各个乡村就出现了一种根据社会地位所决定的核心职业——马蹄匠。大量的作坊涌现出来:根据罗伯特·福西耶(Robert Fossier)的说法①,生产兵器的铁匠是名副其实的"机械师",铁匠们提炼矿石并使金属商业化。也有钉子匠、锁匠,他们像流水线上的工人一样,负责修复铁器等东西。

在人名学中我们可以看到铁的推广。在欧洲大部分地区,特别是在13世纪的西欧,它对应了家庭姓氏的发展,体现锻造业的姓氏越来越多:在法国是Fèvre, Lefèvre等等;在英国是Smith;在德语国家,Schmit有多种写法。我想在这里提一下凯尔特语,尤其是布列塔尼语,铁匠被称为"le goff"。

对于时尚在服装领域里的诞生和发展来说,它们经常被认为始于15和16世纪,实际上则应追溯到中世纪:第一批关于奢侈的法律从13世纪末起就被君主和城市所颁布。在二战以后,德国伟大的社会学家埃利亚斯的

---

① 福西耶,《直至13世纪末皮卡第地区的土地和人》(*La Terre et les hommes en Picardie jusqu'à la fin du XIIIe siècle*), Paris, Louvain, 1968年。

著作让社会科学耳目一新,他揭示了构成文明的道德模式如何在很大程度上起源于中世纪。但在他最主要的一本著作《西方的动力》(*La dynamique de l'Occident*)中,他标定了一种使欧洲从 11 世纪演变到 18 世纪(即"进步"一词取得胜利的时刻)的横向运动。这种进步,直到现在,只是通过改变或新事物的推动来体现,我们习惯上称这样的推动为"重生"。古希腊-罗马被认为是文明的一个顶峰,这些重生以让社会、物质设施和文化回到那个时代为目的。

埃利亚斯特别强调涉及人类日常生活和行为的文明的进步。他观察到,在中世纪,特别是 13 世纪,"餐桌礼仪"得到推广①。在叉子被引进到西方之前,这种规矩使人们进餐的时候各自使用各自的餐具,而不是像以前那样几个人一起用一个盘子甚至是汤匙,在饭前和饭后都能使手保持干净。即使从来没有完全实现过,吐痰也慢慢地被人摒弃。

对于埃利亚斯来说,礼仪规范的形成与推广构成了

---

① "餐桌礼仪",载埃利亚斯,《风俗文明》(*La Civilisation des moeurs*),P. Kamnitzer 译,Paris, Calmann-Lévy, 1973 年,再版于 1991 年。

这场变革的一个主要因素。礼仪形成于中世纪的弄臣之中，后来在君主和王族的背景下，通过 11 和 12 世纪的宫廷传到了贵族中间，又在 17 和 18 世纪在中产阶级中推广，甚至在社会大众中也流行起来。如果在中世纪文学中宫廷是众矢之的的话，特别是瓦尔特·马普（Walter Map）的小册子《臣子琐事》（*De nugis curialium*）批评了从 1154 年到 1189 年英国国王亨利二世的宫廷（在那里骑士被看成娘娘腔）；那么宫廷，尤其是法国大革命之前的法国宫廷，是一个有声望并且传播礼仪规范的地方。

娜塔莉·海因里希（Nathalie Heinich）通过埃利亚斯的著作，很好地说明了，从"11 世纪的封建领主制……到启蒙运动的顶峰"，从力求和平消减暴力到大约 18 世纪中叶（这也是礼仪的时代），西方度过了一段文明开化的时期。在陈述埃利亚斯的观点的同时，娜塔莉·海因里希强调：

> 这场运动的动力诞生于国家建立之际，得力于皇家双重垄断的不断确立：税收垄断，它将君主和领主们的关系货币化；合法暴力的垄断，它将军事力量

和任何和解的条件掌握在了国王一个人的手中。①

因此,经济本质上还是农耕式的,农民依然是领主们的附庸。

中世纪已经涵盖了大教堂的西方和火药的发展,正如我前面指出的,它使得防御性城堡变成了享乐的宫殿,这其中就有富丽堂皇的香波堡(Chambord)以及举世闻名的凡尔赛宫。绘画艺术随着弗拉芒人发明的画架而发展起来,出现于 14 世纪初期的肖像画成了贵族们的瑰宝。宗教改革让基督教陷入分裂和暴力的泥潭之中不能自拔,而且 16 世纪也是一个宗教战争频仍的时期。然而,以天主教和新教形式存在的基督教,其信徒直到 18 世纪中期仍占多数。

最后,如果不是 1579 年荷兰共和国的诞生,以及发生在英国的混乱使得查理一世下台并于 1649 年被处决,君主制会一直统治西方,直到法国大革命。

至于知识,它的发展极为缓慢,直到 18 世纪中期,一

---

① 埃尼克,《诺博特・埃利亚斯的社会学》(*La sociologie de Nobert Elias*),Paris, La Découverte,1997 年,第 10 页。

群文人才感觉到有必要将这种长期积累的成果汇总起来。这就是《百科全书》，在知识的领域里，它标志着一个时期的结束，新时代的降临。

传统的欧洲政治以《乌特勒支条约》（1713—1715）为终结，它结束了西班牙王位继承战争以及欧洲大部分地区的骚动。最后一次传统意义上的大交锋，可能就是奥地利王位继承战争（1740—1748），这是一次欧洲内的冲突，以法国在丰唐瓦（Fontenoy）对英国人和荷兰人的胜利为标志。

1492年是令人惊奇的、新的一年吗？我已经提到在假设的情况下构成重大事件的要素，但是事件对于历史演变的影响可能会有不同的解释，所以事件提供了一个精彩的例子让我们去思考历史的分期：1492年哥伦布发现了我们后来所称之为的美洲。

为了说明这个日期所提出的问题，除了众多对中世纪和文艺复兴感兴趣的著作之外，我将引用两本重要的书。第一本是佛朗哥·卡蒂尼（Franco Cardini）的《欧洲，1492年：500年前一个大陆的肖像》（*Europa 1492. Ritratto di un continente cinquecento anni fa*），用意大利语写成；第二本是贝尔纳·文森特（Bernard Vincent）的《1492 年：
"令人惊奇的一年"》（1492 « *l'année admirable* »）。

欧洲是佛朗哥·卡蒂尼选定的地理范围：对于他来
说，在 15 世纪末，这只是一个常用名词，一个政治现实。
他指出在乡下和城市之间，二者是一种补充：一方面，乡
下从人口和面积来看是占大多数的，另一方面，城市提供
了工作的机会和丰厚的收入。贵族们穷奢极欲地生活在
越来越不军事化的城堡中，而且也生活在城市和乡下。
在中欧和南欧的城市里，在公共广场和北方大道上，在大
的教堂和商会大厅中，人们已经习惯了社会各个阶层混
合在一起。节日的生活因为舞蹈而显得格外耀眼，贵族
们在城堡里，普通人民在大街上载歌载舞。在城市中，桑
拿室、洗澡堂和妓院与人们前去祈祷的教堂不相上下。

在技术方面，15 世纪的欧洲是一个发明创造的社
会，正如在绘画艺术方面的创造一样。卡蒂尼强调了意
大利在创新方面特殊的作用（也包括政治领域中区域城
市公社的体系组织）。

然而 15 世纪也有其他的方面，那就是痛苦和悲惨。
基督教世界被三种恶侵袭：鼠疫、饥荒和战争。这是一个
死神舞和"死的艺术"的时代。但是卡蒂尼也使得大海在

这个世界中变得闪耀：通过自中世纪初就有的主要以香料为主的商业，也通过在非洲沿岸的掠夺和对东印度的向往，后者在1492年推动了哥伦布的远行。然而，如果在这个热那亚人的航海家之后，在小帆船上以及在基督教世界中，许多人都梦想着发现黄金，而哥伦布首先考虑的是为不信教的人带来真正的上帝，基督教的上帝：所以，哥伦布是一个中世纪的人。佛朗哥·卡蒂尼在这本《1492年》中，向他所称的"海军上将[①]"致敬。说到底，我们最终在1492年看到的是"死去的中世纪，露出一丝拂晓的近代，轮廓变大的世界[②]"。如果中世纪死了，那么佛朗哥·卡蒂尼强调的是连续性，强调始终如一的世界的扩大。他没有称这是"文艺复兴"，而只是简单地将其称之为"世界"从这个产生哥伦布的中世纪走了出来。

问题就要留给历史学家们了，在1492年的这次扩大中，什么是最重要的，是死去的还是被延续下去的？

---

① 卡蒂尼，《欧洲，1492年：500年前一个大陆的肖像》，Milan，Rizzoli，1989年，第208页；法文译本，《1492年，发现美洲时的欧洲》（1492, *l'Europe au temps de la découverte de l'Amérique*），Michel Beauvais 编译，Paris，Solar，1990年。

② 同上，第229页。

贝尔纳·文森特也看到在1492这一年,对于基督教世界来说,它对过去几个世纪进行了总结,并宣告了未来的世纪。对于他来说,这是"令人惊奇"的一年。他在序言中揭露了一种错误,即将这一年简化为哥伦布进行的大发现。他从伊比利亚半岛开始,通过四个阻碍历史连续性的特殊事件考察了1492年的丰富内涵。首先,格拉纳达的穆斯林领主向天主教国王投降,格拉纳达也是伊斯兰教在基督教国家控制的最后一座城市。第二个事件是驱逐犹太人。确实,在西班牙人之前,英国人和法国人已经采取这种措施了。但是,天主教的国王们在很长时间里看起来是在不断努力归化和驱逐之间犹豫不决。在这种意义上,1492年只是对于基督徒来说是令人赞叹的时代,它见证了基督教从它的土地上铲除两个最主要的敌人——伊斯兰教和犹太教。

第三个事件,基督教国家进入到民族-国家的建构中:1492年,全西班牙开始使用卡斯蒂利亚语。安东尼奥·德·内夫里哈(Antonio de Nebrija, 1444—1522),由于时代的原因,我们称这位著名的西班牙语法学家为人文主义者,但他实际上是安达卢西亚人,在萨拉曼卡和博洛尼亚完成学业,而后为塞维利亚主教工作。他向伊莎贝拉一世(Isabelle la Catholique)呈献了一部卡斯蒂利亚语法书,该书出版于 1492 年 8 月 18 日。这个事件以一场简单的仪式为标志,但是它有很深远的意义。安东尼奥·德·内夫里哈在他给同时期的一位阿拉贡同事的信中,将沙漠教父的苦修翻译成了卡斯蒂利亚语,并且高超地表达了语言与政治之间的联系:

> 因为今天的皇家权力是西班牙的,并且统治我们的卓越的国王和王后选择将卡斯蒂利亚王国,变为他们所有邦国的基地和首都,我决定用卡斯蒂利亚语写一本书,因为超越其他一切的语言应该伴随着权力。①

在构成分期历史的要素中,贝尔纳·文森特很合理地提出语言要素②:欧洲在 1492 年之后马上就变成了多国家和多语言的欧洲。

如果这一年是"令人惊奇的",这也就远远超过了哥伦

---

① 贝尔纳·文森特,《1492 年:"令人惊奇的一年"》,Paris, Aubier,第 78 页。

② 同上,第 72—73 页。

布的发现。他在巴哈马群岛发现了瓜纳哈尼岛,并将其冠名为圣萨尔瓦多(San Salvador),这被贝尔纳·文森特认为是第四个事件。因此这一年就是新的历史时期的元年吗?

英国女历史学家海伦·库珀(Helen Cooper)最近指出,莎士比亚(1564—1616)跳过所谓的文艺复兴,其实本来就是一个中世纪的人和作家①。她首先提到的是"莎士比亚所生活的世界是中世纪的"。斯特拉特福德及其周边的城市建立于中世纪;从其诺曼风格的大教堂就能知道考文垂的城市地位;瓦立克(Warwick)以它的城堡为中心而扩展;在中世纪就通过城堡和城墙而被加固的牛津,从 12 世纪开始以它的大学而闻名于世。

当莎士比亚在 1585 年到 1590 年之间移居到伦敦的时候,众多的塔楼和教堂不再因为圣保罗哥特大教堂而黯然失色,因为后者在 1561 年毁于一场大火。被伦敦塔加固的城堡以及由凯撒开始建造、征服者威廉完成的厚实白塔俯视②着整座城市,进出需要经过许多加固的门。

---

① 库珀,《莎士比亚和中世纪世界》(*Shakespeare and the Medieval World*),Londres, Arden Companions to Shakespeare,2010 年。

② 关于伦敦塔是否由凯撒开始建造这一问题,没有确切的证据,但是莎士比亚认为是由凯撒开始的,见《理查三世》,第三幕,第 1 场,第 68—71 行。——译注

作家约翰·斯托(John Stow)在1598年出版了一本名为《伦敦调查》(*Survey of London*)的书,书中描述道,在这个隐修的城市中充满了沉思,城墙内到处是乡下人的街区。人们在街上玩的是12和13世纪的游戏。学校和市场比中世纪的时候更常见。斯托的伦敦是一座怀念中世纪的城市,莎士比亚想必会附和这样的怀念。最新的印刷术在世俗人手中传播着中世纪的作品,尤其是乔叟(Geoffrey Chaucer,约1340—1400)的,以及罗宾汉的中世纪抒情诗,还有关于中世纪英雄的武功歌。第一本英语书是托马斯·马洛里(Sir Thomas Malory)出版于1485年的《亚瑟王之死》(*Morte Darthur*)。

看起来莎士比亚在职业生涯之初想成为一个流行的诗人,但在受了古代文化的启发后,他很快就开始主攻戏剧。并且,与古代的戏剧相反,莎士比亚把世界完全看成一个剧场。在这个微缩景观的世界中,他首先想讲述英国的中世纪。

剧作家从中世纪的作者身上找到灵感。莎士比亚经常借助隐喻,三种人物类型在他的剧作中占据核心位置:国王、牧羊人和疯子。他让幻想中的人进入他的戏剧,比如《仲夏夜之梦》中的仙女或是精灵,比如《暴风雨》中的爱丽儿。在《辛白林》中，作者发展了死神舞这一主题，它是中世纪对死亡感觉进行社会表达的终点。最后，海伦·库珀在莎士比亚身上看到了一个新的乔叟，他重新开始演绎这位英国14世纪诗人的中世纪，并且运用了相似的诗歌格律。

在2011年，美国作家查尔斯·曼恩（Charles C. Mann）在美国出版了一本极其成功的书，其副标题可能让人想到它是一本关于历史的书：《发现美洲是如何改变世界的？》[①]。但是，它完全不是一本历史书，而是一个梦，一个错觉。他首先要提出一个新词，为的是描述哥伦布回来后世界所成为的样子，哥伦布在1493年3月从他没想到是新大陆的那个地方，带回了"金首饰、五颜六色的鹦鹉以及10个印第安囚犯"。对于查尔斯·曼恩来说，"哥伦布开启了一个全新的生物时代：一致化"，这个词与同质化（homogénéisation）的概念相仿，"把不同的东西组合在一起，从而达成了一种均匀的混合"。这就是我

---

① 曼恩，《1493年：发现美洲是如何改变世界的？》（1493. *Comment la découverte de l'Amérique a transformé le monde ?*），M. Boraso 译，Paris, Albin Michel, 2013年。

们所称之为的"全球化"最极端的结果,全球化这个词可能只适用于人员往来广义上的交换,但是它完全不对应任何人类、地球的固有演变这一事实:相反,我认为,当代地理学家们却坚持民族和地区的多样化。

查尔斯·曼恩很多次都以诗意的方式提到跨大西洋航行,它们一方面带来的是烟草,另一方面带来的却是有毒的气体;在跨太平洋航行中,白银是一部分,大米是另一部分。欧洲处于生产的一端,即复杂的农产业,欧洲也是石油的消费者——但是此处我们已经远离中世纪和文艺复兴了。至于非洲,美洲大陆的发现对其而言确实是诞生了一个新的世界,在几个世纪以来,它被迫为这个大陆的发展提供必需的奴隶。最后,查尔斯·曼恩认为在发展菲律宾的同时,可以重新找到更深入的全球化。这个梦暂时是结束了。

在回到我所认为的漫长的中世纪在 18 世纪中叶结束这一问题,以及在总结我所陈述的历史分期问题的方式之前,我想通过一个例子指出我们在中世纪与文艺复兴之间确实能够看到的连续性:这就是现代国家的诞生。如果西方在 7 世纪到 17 世纪中期的漫长发展中都没有经历根本性的断裂的话，在政治领域上这可能是最惊人的。当然，一些对于断裂的尝试在法国大革命以前就存在过，但是它们都失败了。拿英国来说，它的政治生活在17世纪非常动荡，查理一世被送上断头台，詹姆士二世逊位，但是英国还是保持君主制。唯一一个重要的新事物就是荷兰共和国，它在1579年是乌特勒支同盟，在1609年这个同盟进一步巩固，并形成了欧洲第一个共和国。

虽然发现美洲以及众多稀有金属和白银被运送至欧洲加速了货币经济的发展，但这却没有一下子让资本主义诞生——现代国家的创建是缓慢的，君主制只是逐渐地赋予自己以新的权力，而且每隔一段时间就创造出符合其特点的机构①。让-菲利普·热内这样说：

> 在12世纪，一个新的自主的领域开始脱颖而出，即法学领域；一点一点地，其他的领域也开始独

---

① 在这里，我尤其是受到1984年10月在罗马举行的主题为"现代国家诞生中的文化和意识形态"（«Culture et idéologie dans genèse de l'État moderne»）圆桌会议的启发，特别是以下人的贡献，Jean-Philippe Genet, Jacques Krynen, Roger Chartier, Michel Pastoureau, Jean-Louis Biget, Jean-Claude Hervé et Yvon Théber, Rome, École française de Rome, 1985。

立起来：以公众有较强阅读能力为前提的文学领域、医学领域，以及较晚的科学和政治领域。换言之，国家的诞生伴随着神学所涵盖领域的逐渐划分，这样的划分与越来越受先进文化工具支配的社会的世俗化相联系。但是，如果我们分析这些领域的构成和发展，我们在所有层面上都会找到国家这一因素。

迈克尔·克兰奇（Michael Clanchy）强调写作的长期培养，在15世纪到16世纪之交，写作逐渐推广至女性[1]。

从政治论著来看，雅克·克里南（Jacques Krynen）强调，1300年左右的著作很重要，并且中世纪法学标准词汇是现代行政法的基础：比如权威（auctoritas），公共的善（utilitas publica），特权（privilegeium）[2]。米歇尔·帕斯图罗（Michel Pastoureau）提到了一个重要的东西，它在中世纪与近代初期象征与代表着国家：印章。关于施政，在

---

[1]　克兰奇，《从记忆到被书写的记录》（*From Memory to Written Record*），Cambridge，Harvard University Press，1979年。

[2]　Roger Chartier 在他关于文明演进的书中提到，诺博特·埃利亚斯从1939年开始就提出，西方的13世纪到18世纪是构建现代国家的时期。

中世纪我们看到了最完美的绘画隐喻：安布罗焦·洛伦采蒂（Ambrogio Lorenzetti）的两幅伟大画作《好政府》与《好政府的后果》（约 1337—1338），它们位于锡耶纳的市政厅里①。

百合花在 9 世纪短暂出现后，在 12 世纪时，通过絮热（Suger）的发起，成为法国君主制的标志，在卡佩的墓地和圣德尼的大教堂里随处可见。然而，正如让-克劳德·埃尔维（Jean-Claude Hervé）和伊冯·泰贝尔（Yvon Thébert）指出，"百合花传奇"是在 14 世纪才开始兴起，在将近 15 世纪时，这个传奇才最终按照其神意的起源被奠定下来，并一直延续到法国大革命。

我们也知道，对于圣母的崇拜是从 11—12 世纪开始的。然而，只是在 12 世纪，圣母被加冕的画像才开始出现，它贯穿了整个君主制时代。

我们知道，"文艺复兴"这一自主时代的观念的倡导者们，受到一个事件的强烈启发，那就是地理大发现。这些发

① 见布舍隆的最新著作，《消除恐惧，锡耶纳，1338 年：论图像的政治力量》（*Conjurer la peur. Sienne*, 1338. *Essai sur la force politique des images*），Paris, Seuil, 2013 年。

现确实毋庸置疑地促进了商业。我们看到在印度洋、非洲沿岸,尤其是美洲,这种全新范围下的商业所带来的诸多影响。然而,让我们回想一下,将陌生食品引入到西方(比如番茄、茶,更晚些时候,也更缓慢被引入的咖啡,等等),并没有改变以谷物、面包、白肉、红肉为基础的饮食结构。在我看来,有一件事很重要,但它没有 13 世纪末意大利各个港口与北欧之间定期的商业航行那么重要,这就是尼德兰公司(1602 年)和法国公司(由科尔贝尔于 1664 年创立,劳[Law]在 1719 年重新经营)的创立,它们集中发展了国际贸易。

同文化一样,金融常常被西方看作是从中世纪走出来的根本标志。然而,在一本经典著作中,卡罗·齐博拉(Carlo M. Cipolla)详细并生动地指出,在 18 世纪工业革命之前,我们只能谈到一种同样的经济;虽然欧洲生产力水平在 16 世纪末显著高于 600 年以前,但是它还是处于"极"(abysmally)低的状态①。

大体来说,继发现美洲之后,直到我们可以在 17 世纪称之为的进步,主要的演变与货币经济有关。贵重金

---

① 齐博拉,《工业革命之前:欧洲社会和经济,1000 年—1700 年》(*Before the Industrial Revolution. European Society and Economy*, 1000—1700),New York, W. W. Norton, 1976 年,第 126 页。

属的充足,诞生于中世纪的银行技术的推广和复杂化,这些导致了资本主义的缓慢发展,而资本主义得益于从1609年开始成立的阿姆斯特丹银行,这家银行是名副其实的第一所股票交易所。然而,在苏格兰经济学家亚当·斯密的大作《国富论》(1776年)问世之前,我们还不能说"资本主义"这个字眼,因为它指的是经济摆脱了中世纪的向度和习惯。

将文艺复兴视为是一个时期的拥护者们,把宗教改革的出现看成是一个重大的转折,它标志着基督教垄断地位的终结,直到那时基督教才被异教徒击败。然而,尽管16世纪被宗教战争的阴影所笼罩,但是基督教直到18世纪对西方人的信仰所产生的影响都近乎无所不在。

伴随着哲学与文学领域的深刻影响,先是宗教实践而后是信仰开始缓慢倒退。或多或少非宗教的理性主义开始扩散,英国的代表人物是托马斯·霍布斯(1588—1679)、约翰·洛克(1632—1704),在法国是皮埃尔·贝尔(1647—1706),他也是1695年到1697年出版的4卷本《历史和批判辞典》的作者。贝尔为了在鹿特丹教书而在那里定居下来,因为荷兰共和国能够确保他们的居民拥有思考与写作的自由,以及免于遭到审查:中世纪突然转向了另一个时代。这个紧随漫长的中世纪——我认为应该将这个时期延伸至文艺复兴之后——而来的时期,其出现的标志是从 1751 年开始出版《百科全书》。这是在狄德罗、达朗贝尔、伏尔泰、孟德斯鸠、卢梭等人的推动下实现的,它表明理性和科学压倒了基督教教义。

正如一个社会的精神状态被打上一个烙印,这个社会与中世纪产生断裂进而成为真正的现代社会,为了表示"文明朝一种越来越繁荣状态的向前运动",米拉波可能是在 1757 年第一次使用了"进步"一词。聚焦于法国大革命的西方社会,不只是进步的胜利,而且也是个人的胜利。

为了给这本小书做个总结,我将尽力从我在该书中所阐述的漫长的中世纪这一例子出发,对恰当的历史分期进行定义。

让我们总结一下。在历史分期还没有作为一个开放的研究对象时,基督教时代的最初几个世纪就标志了一个时期的过渡,蒙田在 1580 年正式地将其称之为"古代",这样的一种表述也专指希腊和罗马。在古代制定的历史分期,由奥古斯丁重新使用,并且通过他传给了中世纪,这种历史分期就是模仿人生的六个阶段将世界划分为六个年代。历史分期引入了世界衰老这一观念,在第六个也就是最后一个年代,世界开始变老。古代人还被迈向终结这一观念所困扰,而这种观念在传统的中世纪不断地被"更新"(renovatio)观念所反对,后者在一些时代里有着显著的特征,以至于现代的历史学家们也将其视为诸多的"重生":尤其是查理大帝在位期间的"加洛林文艺复兴",以及在经济领域(农业技术的进步)和思想领域(圣·维克多学派,阿伯拉尔的课程,皮埃尔·伦巴第[1100—1160]的语录,这些语录成为大学的教材)反映一个时期增长和创新的 12 世纪文艺复兴。被称为"衰老"的中世纪,不断地向世人昭示众多现象和事件的新颖性,至于进步的理念,它在 18 世纪中期才出现。同样需要注意的是,在亚西西的方济各(Saint François d'Assis)的传记的第一页出现了大量的"新"(nouveau)这样的字眼,而它的作者是切拉诺托的托马斯(Thomas de Celano),他是在 13 世纪第一个写方济各传记的人。

一场缓慢而明显的演进标志着一个从 12 世纪延伸至 15 世纪的时期。在农业领域,铁犁的使用,用马代替牛牵引，因三区轮作而使产量得到提高，这些意味着技术进步。在我们所称之为的"工业"领域，磨坊被大量使用，并运用了诸如像水排这样的技术，从12世纪末开始，又开始使用风车磨坊。在宗教和思想方面，圣事被确立，并且大学和经院哲学得到了发展。

这些新事物一般来讲被看作是回归到特定时期德性的标志，特别是在文学和哲学领域，古希腊-罗马被看作是一种参照。这就是为什么现代历史学家将其命名为"文艺复兴"。传统的中世纪有向前行进的意识，但是它也回顾过去，这样在很长一段时间里，一种新的分期化的可能性就变得模糊。

这样的观点在14世纪发生了改变，彼特拉克将前几个世纪置于阴暗之中，并将它们贬低为在美丽的古代与他所称的更新时代之间的一段中立、乏味的过渡时期。他将这些世纪命名为"Media Aetas"，这样中世纪就诞生了。这个在15到16世纪被众多的文人和艺术家所创造的时期，直到1840年才被米什莱在法兰西公学院的一堂课中所命名。但是，在米什莱之前，一个新的历史分期（实际上，应该强调的是，这只是对西方有意义）就被确立了。历史本身的演进，从文学体裁到授课内容，从娱乐到知识,都容许这样的一种历史分期。这样的转变是大学与学院的成果。我再重申,如果我们不算德国,历史学从18世纪末19世纪初开始才在大学享有一个教席,之后在学院成为教学课程,这样的演变可能是在1820年才完成的。

将文艺复兴视为一个特殊时期的支持者们总是强调在15到16世纪产生的具有决定性的事件,其中最引人注目的就是:哥伦布于1492年发现了美洲;一个统一的基督教不复存在,欧洲人在信奉改革后的基督教还是变为天主教的传统基督教上发生了分裂;政治方面,为了统治新生的国家,绝对君主制被加强,除了一个很重要的特例,那就是1579年建立的荷兰共和国;在哲学和文学领域,一部分文学朝思想的放荡不羁和不信教方向发展;在经济和金融领域,大量用于造币的稀有金属出现,资本主义体系得到发展,而1609年阿姆斯特丹银行的建立加速了这一发展。

至于我,我认为漫长的中世纪的终结,这个时期的转变,发生在18世纪中叶。它对应的是乡村经济的进步,这些进步已经被重农学派所强调和理论化;对应的是蒸汽机的发明,它由法国人丹尼斯·帕潘(Denis Papin)在 1687 年设计,并由英国人詹姆斯·瓦特于 1769 年进行了改良;这个转变对应的是现代工业的诞生,由此现代工业从英国向整个欧洲大陆传播开来。在哲学和宗教领域,介绍理性和不信神的思想、科学和现代技术的著作终结了漫长的中世纪,这就是最明智的推动者伏尔泰和狄德罗所编著的《百科全书》。最后,18 世纪末,在政治领域,对应了法国大革命中起决定性作用的反君主制运动。澳大利亚人大卫·伽里奥什(David Garrioch)描述了这场运动在整个 18 世纪是如何发展的[①],在这其中

> 整个巴黎社会改变了世界:社交活动、经济上的实践以及新兴人群的出现,触及每一个人,大家从旧的社群中解脱出来,斩断了与传统的瓜葛,并且与旧的团体、社会等级、行业、服饰、行会一刀两断,为的就是要在宗教、政治与制度领域中出现其他的团结

---

① 伽里奥什,《制造革命的巴黎》(*The Making of Revolutionary Paris*),Berkeley, University of California Press, 2002, 法译本,Chr. Jaquet 译, *La Fabrique du Paris révolutionnaire*, Paris, La Découverte,2013。

协作(solidarité)和深刻变化①。

如果我们再加上贫富差异的加大(这是经济与金融演进的标志)和对于阅读、戏剧、游戏、快感及个人成功的迷恋,我们可以肯定地说,中世纪是在 18 世纪中叶才进入一个崭新的时期。

在对这个在历史分期的史学研究领域中的重要现象做出几点结论之前,我想从一种中世纪与文艺复兴之间整体关系的角度,来总结我之前的说明,这样可以更详细地阐述什么是一段真正的历史时期。

以这样一种综合的视角进行阐述,我依靠的是《科学与生命》杂志在 2012 年 4 月的那一期,题目为"文艺复兴的天才:当欧洲自我重新创造",这一期开篇的序言是关于"文艺复兴的精神"。这一期杂志强调了不同的解释,都是关于回到"重生"这个词所提到的来源中去,并将佛罗伦萨置于一个新时期的中心,进而提出了"理性的觉

---

① Antoine de Baecque 的文章,"书的世界",《世界报》(Le Monde),2013 年 5 月 10 日,第 2 页。

醒",理性在此之后开始发挥作用。

在这个领域中,文艺复兴只是使中世纪得到延伸:中世纪也重新与古代相联系,即使不是整个中世纪的神学,至少是从 12 世纪开始的经院哲学,都是不断地诉诸于理性。至于将佛罗伦萨看作是一个时期新生的中心,我认为这是以不准确的方式贬低历史的运动,并把文艺复兴本身缩小为一个政治家与艺术家的小团体。

这期杂志还将文艺复兴与一种"重新思考"人的方式联系起来。然而,神学是在人文主义的影响下才孕育而生的这种思想上的重大转变,在中世纪的时候就已经出现了。12 世纪的"重生",坚持人是"按照上帝的样子"而造,并且整个 13 世纪伟大的经院哲学,特别是托马斯·阿奎那,都肯定地认为,其哲学中真正的主体就是人。人文主义揭示了一场漫长的演变,我们可以将这一演变追溯至古代。

这期杂志认为"科学方法的诞生"出现在文艺复兴时期。这里的科学方法主要是指理性、数学的至高无上、对方法性实验的依赖。我认为理性应该被更高地推崇。就数学而言,我要提醒的是,作为方法的数学在中世纪就已经出现了:欧几里得《几何原本》更详细版本的问世以及对这本著作的评论；13 世纪初数字"0"被引入到数学中；比萨的莱昂纳多（Léonard de Pise）写于 1202 年、在 1228 年修订的具有决定性的教材《算数书》（*Liber Abaci*）的出版；促进商业和银行业发展（这其中就有 14 世纪初出现的汇票）的技术进步。实际上，属于新事物而且能够被纳入 15 到 16 世纪中世纪的重生中的，就是对实验方法的追求，特别是在 16 世纪对解剖学的依赖。

我尤其感到遗憾的，就是这期《生命与科学》杂志认为"欧洲于 16 世纪出现了多元主义"。从中世纪初期开始，基督教就苦于与教廷所称的"异教徒们"进行讨论以及对其施行审判。这是中世纪教会的观点。今天，我们怎么能不去将这些异端看成是与官方教义不同的思想理论、思想观念、思想形式呢？在中世纪，思想是多样而活跃的。我们在食品中也可以找到这样的多样性，最早撰写烹饪教材的丹麦作者曾于 13 世纪初在巴黎求学，他对辉煌的法国美食印象深刻。

据这份杂志所述，文艺复兴的另一个特点是"来自意大利的一股风潮"。这样的断言比把这一新时期的实质简化到佛罗伦萨这样的结论，更能让人接受。但是从中世纪初期开始，意大利所具有的新奇，甚至是早熟，比如教皇、市镇或公国，都是在基督教的欧洲始终不变的。另外我们也会强调我们所称之为的德国文艺复兴，以及法国文艺复兴，后者基本上都体现在卢瓦尔河的城堡之中。

事实上，在中世纪这条线里，有许多种重生，它们的范围或窄或宽，有的能让人信服，有的则影响甚微。至于我们所强调的城堡，这个重生始于中世纪，如我们所看到的那样，在14世纪初，作为防御工事的城堡变成了向外开放和发展的地方。我们同样可以看到衣着的演变，从中世纪早期的裙子到旧制度末的紧身衣（justaucoprs），而随着19世纪资产阶级或者工人服饰的出现，这种紧身衣也完全消失了。

工业领域是明显地表现出"中世纪-文艺复兴"的连续性和"漫长的中世纪-现时代"断裂的领域之一。高炉确实是在文艺复兴时期有了发展，但是要等到18世纪蒸汽机的发明之后，工业才在英国诞生并在欧洲大陆推广开来。我们名正言顺地将诞生于15世纪中期的印刷术看作是举足轻重的事情，但是关于阅读的革命在中世纪就已经开始了。在中世纪早期，册子本就代替了卷子本，书的制造也不再是在修道院的缮写室（scriptoria）里，而是在外边或是大学的书店里。从13世纪开始，它们就制造了非常易于复制的可拆分样本(pecia),不过用的大多是纸,而不是羊皮纸,纸在12世纪从西班牙开始传播,在13世纪初由意大利向外传播。最后,我们要注意的是,资本主义的理论化以及人们开始意识到资本主义,只是从亚当·斯密具有奠基性的著作《国富论》而开始的。从哥伦布和达伽马开始的大发现,只是从1756年英国攻占印度以后,才开始了欧洲一贯的殖民化道路。在航海领域,重要的新技术是在13世纪初使用罗盘和尾舵。

《科学与生命》杂志将文艺复兴与"制造进步"这样的表达相联系。这是不恰当的。实际上,与旧有的批评相反,即使我们可以表明,中世纪意识到了新事物和改良①,"进步"一词及其意义也只是在18世纪才出现。在我看来,15到16世纪的文艺复兴能够作为中世纪最后一次重生的特性之一,就是它在18世纪后半夜酝酿并预示了真正的现时代。这个现代性的宣言就是,在基督教、

---

① B. Smalley,"教会对新事物的态度,约1100年—约1250年"(《Ecclesiastical Attitudes to Novelty, c. 1100—c. 1250》),载 D. Baker(主编)《教会社会和政治:教会史研究》(*Church Society and Politics*,*Studies in Church History*),第12卷,Oxford, Basil Blackwell,1975年,第113—131页。

天主教或新教长时间的统治后《百科全书》的出版。这期专刊的作者们也有这样的想法。最后两个篇章的标题就说明了这一点："宇宙：正在酝酿的革命"和"16世纪的远征预示了今天的全球化"。

可能应该强调，"真正"的历史时期，习惯上讲，是漫长的：历史永远不会静止，所以它是演变的。在这个演变过程中，它经历了重生，这些重生或多或少是辉煌的，而它们经常依靠的是充满魅力的过去，这种魅力对于过去来说已经被时光中的人性所证明。但是这个过去只是作为能够让我们迈向新时期的遗产。

第八章

历史分期与全球化

人们将会理解，在我眼里，作为被传统的当代历史所认定的一个特殊时代，文艺复兴其实只不过是漫长的中世纪的最后一个子时期。

在西方传统中，我们看到，历史分期同时追溯到了希腊思想的起源（希罗多德，公元前 5 世纪）和旧约（但以理，公元前 6 世纪），而它进入日常实践中是非常迟的事情。在 18 到 19 世纪，伴随着历史文学体裁的转变，历史分期在教学中成为必不可少的科目。它反映了欲望和人类的需要，在时间中演变的人类，开始影响时间。日历可以让人掌控他的日常需要。在长时段（longue durée）中，历史分期符合同样的目的。人类的这项发明还是应该符合客观现实。我认为,就应该是这样。我没有在物质世界中谈论世界,我只是在人的生活中提到了人,特别提到的是西方:根据我们的知识,西方人以他们所具有的特质形成了一个自主的统一体,而历史分期就是他们的特质之一。

让历史成为科学这一过程,使历史分期理所当然。历史可能不是精确的科学,但它是一种社会科学,建立在我们称之为原始材料的客观基础之上。而这些原始材料向我们呈现的历史在变化,在演变:社会的历史在实践中行进,马克·布洛赫这样说。历史学家必须掌握时间,同时要具备这样的能力,因为时间是变化的,历史分期对历史学家而言是必不可少的一项工具。

我们说过,长时段是由布罗代尔引入的,自此就被历史学家们所认可,长时段使诸多的时期变得混乱不清,甚至是消除了各个时期。在我看来,这不属于二者诸多对立中的一个。在长时段里,时期是有一席之地的。掌握一种有生命的、有思想的、有血有肉的客体,就像历史这样的,在我看来就应该将连续性和断裂性相结合。这是与分期化相结合的长时段所提供给我们的。

因为可能只是从现时代开始,关于各时期的持续时间和历史演变速度的问题才被提出,我在这里把它放到一边。相反,对于中世纪和文艺复兴来说,更为迫切的是一个时期向另一个时期的缓慢过渡。要是假设这其中会发生许多变革的话,那么这期间鲜有革命。弗朗索瓦·孚雷(François Furet)喜欢提醒说,法国大革命延续至整个19世纪。所要解释的是,许多历史学家,包括将文艺复兴作为一个特殊时期的历史学家们,都会用到"中世纪与文艺复兴"这样的表达。如果某个世纪对应的是这种定义的话——另外可能会体现出它的价值——,那就是15世纪。

如果我们认为,显要(important)而不是至关重要(majeur)的变化阶段突出了长的历史时期,那么在我看来,我们更接近事实,更接近一种历史分期,因为这种历史分期可能会允许一种对历史丰富多彩的运用:我们称"重生"为中世纪的子时期,是考虑到要将新(诞生)和回归到黄金时代的理念相结合(前缀"re"引向过去,言外之意是诸多的相似)。

所以我们可以——我想应该——保留历史的分期化。两股主要的运动贯穿于当下的历史思想,历史在长时段和全球化中(主要来自美国的世界通史[world historγ]①),对于它的使用没有任何的不相容。我再重复一遍,没有量化的时段(durée)和量化的时间(temps)可以共存,历史分期化只能运用于有限的文明领域之内,而全球化则是要找到这些整体之间的关系。

实际上,历史学家不应该像他们以前所做的那样,混淆全球化的观念和统一化的观念。全球化中有两个阶段:第一个是交流,即把忽视的地区和文明联系起来;第二个是吸收、融的现象。直到今天,人类还只是处于第一个阶段。

对于当代历史学家来说,历史分期化也是研究和反思的重要领域。由于它的存在,人类在时段、时间中组织和演变的方式变得清楚。

---

① P. Manning,《在世界历史中航行:历史学家们创造了一个全球的过去》(*Navigating World History. Historians create a Global Past*), New York, Palgrave Macmillan, 2003 年; R. Bertrand, "全球史,被连接的历史"(«Histoire globale, historie connectée»),载 Chr. Delacroix, Fr. Dosse, P. Garcia et N. Offenstadt(编),《历史编纂学,概念和争论之一》(*Historiographies, Concepts et débats II*),前揭,第 366—377 页。

致 谢

这部论著要归功于莫里斯·奥伦德尔（Maurice Olender）。他不仅仅是出色地指导了这套优秀的书系。作为历史学家，他用他的热情、才智和学养，积极地对本书中的各种观念进行思考、整理与辩护。

在莫里斯·奥伦德尔的要求下，瑟伊出版社的编辑们在这本书上体现了她们的专业素养、水准和责任心。特别是人文部的主任塞弗兰纳·尼凯尔（Séverine Nikel），以及塞西尔·雷（Cécile Rey）、玛丽-卡洛琳·索西尔（Marie-Caroline Saussier）和索菲·塔尔诺（Sophie Tarneaud）。

我也得益于一些历史学家的讨论以及他们的建议，

他们都是我非常好的朋友。我尤其想到了杰出的历史编纂学家弗朗索瓦·阿尔托格,想到了让-克劳德·施密特和让-克劳德·博纳,想到了与中世纪西方历史人类学研究所(Gahom)和社会科学高等研究院(EHESS)的合作。

我也要感谢克日什多夫·波米安和克里斯蒂安娜·克拉比什-聚贝(Christiane Klapisch-Zuber)。

最后,我忘不了我忠实、亲爱的朋友克里斯蒂安娜·博纳富瓦(Christiane Bonnefoy),在社会科学高等研究院担任我的秘书多年之后,为了本书的成形,她实际上又重回旧业。

在此衷心感谢所有人。

参考文献

ALLIEZ, E. , *Les Temps capitaux*, t. I: *Récits de la conquête du temps*, Paris, Le Cerf, 1991.

ALTAVISTA, C. , *Lucca e Paolo Guinigi (1400—1430): la costruzione di une corte rinescimentale. Città, architettura, arte*, Pise, 2005.

AMALVI, Chr. , *De l'art et la manière d'accommoder les héros de l'histoire de France. Essais de mythologie nationale*, Paris, Albin Michel, 1988.

ANGENENDT, A. , *Heiligen und Religquien, Die Geschischte ihres Kultes vom frühen Christentum bis zum Gegenwort*, Munich, 1994.

AUBERT, M. , « Le Romantisme et le Moyen Âge», in *Le Romantisme et l'Art*, 1928, p. 23—48.

AUTRAND, M. (dir.), « L'Image du Moyen Âge dans la

littérature française de la Renaissance au XXe siècle », 2 vol. , *La Licorne* , n° 6 , 1982.

AYMARD, M. , « La transizione dal feudalismo al capitalismo », in *Storia d'Italia* , *Annali* , t. I : *Dal feudalismo al capitalismo* , Turin, 1978 , p. 1131—1192.

BASCHET, J. , *La Civilisation féodale. De l'An Mil à la colonisation de l'Amérique* , Paris, Aubier, 2004.

BEC, Chr. , *Florence, 1300—1600. Histoire et culture* , Nancy, Presses universitaires de Nancy, 1986.

− , CLOULAS, I. , JESTAZ, B. et TENENTI, A. , *L'Italie de la Renaissance. Un monde en mutation, 1378—1494* , Paris, Fayard, 1990.

BELOW, G. von, *Uber Historische Periodisierungen mit besonderem Blick auf die Grenze zwischen Mittelalter und Neuzeit* , Berlin, 1925.

BERLINGER, R. , « Le temps et l'homme chez Saint Augustin », *L'Année théologique augustinienne* , 1953.

BOUCHERON, P. (dir.) , *Histoire du monde au XVe siècle* , Paris, Fayard, 2009.

− , *L'Entretemps. Conversations sur l'histoire* , Lagrasse, Verdier, 2012.

− et DELALANDE, N. , *Pour une histoire-monde* , Paris, PUF, « La vie des idées », 2013.

BOUWSMA, W. J. , *Venice and the defense of Republican Liberty : Renaissance's valious in the Age of Counter Reformation* , Berkeley-Los Angeles, University of California Press, 1968.

BRANCA, V. (dir.), *Concetto, storia, miti e immagini del Medio Evo*, Florence, Sansoni, 1973.

BRAUDEL, F., *Civilisation matérielle et capitalisme*, $XV^e — XVIII^e$ *siècles*, Paris, Armand Colin, 1967.

—, « Histoire et sciences sociales. La longue durée », *Annales ESC*, 13—4, 1958, p. 725—753; repris dans *Écrits sur l'hisroire*, Paris, Flammarion, 1969, p. 41—83.

BRIOIST, P., *La Renaissance, 1470—1570*, Paris, Atlante, 2003.

BROWN, J. C., « Prosperity or Hard Times in Renaissance Italy? », in *Recent Trends in Renaissance Studies : Economic History*, in *Renaissance Quarterly*, XLII, 1989.

BURCKHARDT, J., *La Civilisation de la Renaissance en Italie, 1860—1919*, trad. H. Schmitt, revue et corrigée par R. Klein, préface de Robert Kopp, Paris, Bartillat, 2012.

BURKE, P., *La Renaissance européenne*, Paris, Seuil, 2000.

—, *The Renaissance Sense of the Past*, Londres, Edward Arnold, 1969.

CAMPBELL, M., *Portraits da la Renaissance. La Peinture des portraits en Europe aux XIVe, XVe et XVIe siècles*, trad. Dominique Le Bourg, Paris, Hazan, 1991.

CARDINI, F., *Europa 1492. Ritratto di un continente cinquecento anni fa*, Florence, Rizzoli, 2000; *1492, l'Europe au temps de la découverte de l'Amérique*, trad. et adapt. de Michel Beauvais, Paris, Solar, 1990.

CASTELFRANCHI VEGAS, L., *Italie et Flandres. Primitifs fla-*

mands et Renaissance italienne , Paris, L'Aventurine, 1995.

CHAIX , G. , La Renaissance des années 1470 aux années1560 , Paris, Sedes, 2002.

CHAIX-RUY , J. , « Le problème du temps dans les Confessions et dans la Cité de Dieu », Giornale di Metafisica , 6 , 1954.

– , « Saint Augustin, Temps et Histoire », Les Études augustiniennes , 1956.

CHAUNU, P. , Colomb ou la logique de l'imprévisible , Paris, François Bourin, 1993.

CLARK , K. , The Gothic Revival . A Study in the History of Taste , Londrcs, Constable & co, 1928.

CLOULAS , I. , Charles VIII et le mirage italien , Paris, Albin Michel, 1986.

COCHRANE, E. , Historians and Historiography in the Italian Renaissance , Chicago, University of Chicago Press, 1981.

CONNELL , W. J. , Society and Individual in Renaissance Florence , Berkeley, Univcrsitv of California Press, 2002.

CONTAMINE, Ph. (dir) , Guerres et concurrence entre les États européens du XIVe au XVIIIe siècle , Paris, PUF, 1998.

CONTI, A. , « L'evoluzione dell'artista », in Storia dell'arte italiana , t. I: Materiali e Problemi , vol. 2: L'Artista et il pubblico , Turin, Einaudi, 1980, p. 117—264.

CORBELLANI, A. et LUCKEN, Chr. (dir.) , « Lire le Moyen Âge? » , numéro spécial de la revue Équinoxe , 16 , automne 1996.

COSENZA, M. E. , Biographical and Bibliographical Dictionary of the Italian Humanists and of the World of Scholarship in Italy ,

1300—1800 , 5 vol. , Boston, G. K. Hall, 1962.

CROUZET-PAVAN, E. , *Renaissances italiennes* , *1380—1500* , Paris, Albin Michel, 2007.

− (dir.) , *Les Grands Chantiers dans l'Italie communale et seigneuriale* , Rome, École française de Rome, 2003.

CULLMANN, O. , *Christ et le Temps* , Neuchâtel-Paris, Delachaux et Niestlé, 1947.

DAUSSY, H. , GILLI, P. et NASSIET, M. , *La Renaissance* , *vers 1470-vers 1560* , Paris, Belin, 2003.

DELACROIX, Chr. , DOSSE, Fr. , GARCIA, p. et OFFENSTADT, N. , *Historiographies. Concepts et débats* , 2 vol. , Paris, Gallimard, « Folio Histoire », 2010.

DELUMEAU, J. , *La Peur en Occident* , *XIVᵉ—XVIIIᵉ siècles* , Paris, Fayard, 1978.

− , *Une histoire de la Renaissance* , Paris, Perrin, 1999.

− et LIGHTBOWN, R. , *La Renaissance* , Paris, Seuil, 1996.

DEMURGER, A. , *Temps de crises* , *temps d'espoirs* , *XIVᵉ—XVᵉ siècles* , Paris, Seuil, « Points », 1990.

DIDI-HUBERMAN, G. , *Devant le temps. Histoire de l'art et anachronisme des images* , Paris, Minuit, « Critique », 2000.

DUNN-LARDEAU, B. (dir.) , *Entre la lumière et les ténèbres. Aspects du Moyen Âge et de la Renaissance dans la culture des XIXᵉ et XXᵉ siècles* , actes du congrès de Montréal, 1995, Paris, Honoré Campion, 1999.

FCO, U. , « Dieci modi di sognare il medio evo », in *Sugli specchi e altri saggi* , Milan, Bompiani, 1985, p. 78—89.

– , *Scritti sul pensiero medievale* , Milan , Bompiani , 2012.

EDELMANN, N. , *Attitudes of Seventeenth Century France toward The Middle Age* , New York , King's Crown Press , 1946.

ELIAS, N. , *Uber den Prozess der Zivilisation* , Bâle , 1939 , t. I : *La Civilisation des mœurs* ; t. II : *La Dynamique de l'Occident* , trad. P. Kamnitzer , Paris , Calmann-Lévy , 1973 et 1975.

EPSTEIN, S. A. , *Genoa and the Genoese , 958 — 1528* , Chapell Hill-Londres , University of North Carolina Press , 1996.

FALCO, G. , *La polemica sul Medio Evo* , Turin , 1933.

FEBVRE, L. , « Comment Jules Michelet inventa la Renaissance » , *Le Genre humain* , n° 27 , « L'Ancien et le Nouveau » , Paris , Seuil , 1993 , p. 77 — 87.

FERGUSON, W. K. , *The Renaissance in Historical Thought* : *five Centuries of Interpretation* , Boston , Houghton Mifflin Co. , 1948 ; *La Renaissance dans la pensée historique* , trad. J. Marty , Lausanne , Payot , 1950 , nlle éd. 2009.

Fernand Braudel et l'histoire , présenté par J. Revel , Paris , Hachette Littératures , « Pluriel » , n° 962 , 1999.

FUMAROLI, M. , « Aux origines de la connaissance historique du Moyen Âge : Humanisme , Réforme et Gallicanisme au XVIᵉ siècle » , XVIIᵉ *siècle* , 114/115. 1977 , p. 5 — 30.

GARIN, E. , *Moyen Âge et Renaissance* , trad. C. Carme , Paris , Gallimard , 1969.

– , *L'Éducation de l'homme moderne. La pédagogie de la Renaissance , 1400 — 1600* , trad. J. Humbert , Paris , Hachette Littératures , 2003.

\- , *L'Humanisme italien* , trad. S. Crippa et M. A. Limoni, Paris, Albin Michel, 2005.

GOSSMAN, L. , *Medievalism and the Ideology of the Enlightenment . The World and Work of La Curne de Sainte Palaye* , Baltimore, Johns Hopkins University Press, 1968.

GREENBLATT, S. , *Renaissance Self-Fashioning . From More to Shakespeare* , Chicago-Londres, The University of Chicago Press, 1980.

GUICHEMERRE, R. , « L'image du Moyen Âge chez les écrivains français du XVIIe siècle», in *Moyen Âge . Hier et aujourd'hui* , Amiens-Paris, université de Picardie-PUF, 1990, p. 189—210.

GUITTON, J. , *Le Temps et l'éternité chez Plotin et Saint Augustin* , Paris, Vrin, 1971.

HALE, R. G. , *La Civilisation de l'Europe à la Renaissance* , trad. R. Guyonnet, Paris, Perrin, 1998.

HARTOG, F. , *Régimes d'historicité . Présentisme et expériences du temps* , Paris, Seuil, 2003.

\- , *Croire en l'histoire . Essai sur le concept moderne d'histoire* , Paris, Flammarion, 2013.

HASKINS, CH. H. , *The Renaissance of the Twelfth , Century* , Cambridge(Mass.), Harvard University Press, 1927.

HAUSER, H. , *La Modernité du XVIe Siècle* , Paris, Alcan, 1939.

HEER, F. , « Die Renaissance Ideologie im frühen Mittelalter», *Mitteilungen des Instituts für Osterreichische Geschichtsforschung* , LVII, 1949, p. 23 sq.

HUIZINCA, J. , *L'Automne du Moyen Âge* (1919) , trad. J. Bastin, préface de J. Le Goff, Paris, Payot, 1975 ; précédé d'un entretien entre J. Le Goff et CI. Mettra, Paris, Payot, 2002.

JACQUART, J. , « L'âge classique des paysans, 1340—1789 », in E. Le Roy Ladurie (dir.) , *Histoire de la France rurale* , t. II, Paris, Seuil, 1975.

JONES, Ph. , *The Italian City-State : from Commune to Signoria* , Oxford-New York, Clarendon Press, 1997.

JOUANNA, A. , HAMON, P. , BILOGHI, D. et LE THEC, G. , *La France de la Renaissance. Histoire et dictionnaire* , Paris, Robert Laffont, 2001.

KRISTELLER, P. O. , *Renaissance Philosophy and the Medieval Tradition* , Pennsylvanie, Latrobe, 1966.

– , *Medieval Aspects of Renaissance Learning : Three Essays* , Durham, Duke University Press, 1974.

– , *Studies in Renaissance Thought and Letters* , Rome, Ed. di Storia e Letteratura, 3 vol. , 1956—1993.

« L'Ancien et le Nouveau », *Le Genre humain* , n° 27, Paris, Seuil, 1993.

LA RONCIÈRE, M. de, et MOLLAT DU JOURDIN M. , *Les Portulans. Cartes maritimes du XIIIe au XVIIe siècle* , Paris, Nathan, 1984.

LEDUC, J. , *Les Historiens et le temps* , Paris, Seuil, 1999.

– , « Période, périodisation », in Chr. Delacroix, Fr. Dosse, P. Garcia et N. Offenstadt (dir.) , *Historiographies. Concepts et débats* , t. II, Paris, Gallimard, « Folio Histoire », 2010,

p. 830—838.

LE GOFF, J. , « Le Moyen Âge de Michelet », in *Pour un autre Moyen Âge*, Paris, Gallimard, 1977, p. 19—45.

– , « Temps », in J. Le Goff et J. -Cl. Schmitt (dir.), *Dictionnaire raisonné de l'Occident médiéval*, Paris, Fayard, 1999.

– , *Un long Moyen Âge*, Paris, Tallandier, 2004 ; rééd., Hachette, « Pluriel », 2010.

– et NORA, P. (dir.), *Faire de l'histoire*. 3 vol., Paris, Gallimard, 1974 ; « Folio Histoife », n° 188, 2011.

LE POGAM, P. -Y. et BODÉRÉ-CLERGEAU, A., *Le Temps à l'œuvre*, catalogue de l'exposition présentée au musée du Louvre à Lens (déc. 2012-oct. 2013), Tourcoing-Lens, Éd. Invenit-Louvre-Lens, 2012.

LE ROY LADURIE, E. , « Un concept : l'unification microbienne du monde (XIVe—XVIIe siècles)», *Revue suisse d'histoire*, n° 4, 1973, p. 627—694.

– (dir.), *Histoire de la France rurale*, t. II, Paris, Seuil, 1975.

LIEBESCHÜTZ, H. , « Medieval Humanism in the Life and Writings of John of Salisbury », *Studies of the Warburg Institute*, XVII, Londres, 1950.

LOPEZ, R. S. , « Still Another Renaissance », *American Historical Review*, vol. LVII, 1951, p. 1—21.

MAHN-LOT, M. , *Portrait historique de Christophe Colomb*, Paris, Seuil, 1960, rééd. « Points Histoire », 1988.

MAIRE VIGUEUR, J. -Cl. (dir.), *D'une ville à l'autre. Structures matérielles et organisation de l'espace dans les villes européennes*,

XIIIe—XVIe siècles, Rome, École française de Rome, 1989.

MARROU, H. I. , *L'Ambivalence du temps de l'histoire chez Saint Augustin* , Montréal-Paris, Institut d'études médiévales, Vrin, 1950.

MÉHU, D. , *Gratia Dei. Les chemins du Moyen Âge* , Montréal, FIDES, « Biblio-Fides », 2013.

MELIS, F. , *I mercanti italiani nell'Europa medievale e rinascimentale* , L. Frangioni (sous la dir.) , Grassina, Bagno a Ripoli, Le Monnier, 1990.

MEYER, J. , *Histoire du sucre* , Paris, Desjonquères, 1989.

MEYER, M. , *Qu'est-ce que l'histoire? Progrès ou déclin?* , Paris, PUF, 2013.

MILO, D. S. , *Trahir le temps* , Paris, Les Belles Lettres, 1991.

MOLLAT, M. , « Y a-t-il une économie de la Renaissance? », in *Actes du colloque sur la Renaissance* , Paris, Vrin, 1958, p. 37—54.

MOMMSEN, Th. E. , « Petrarch's Conception of the Dark Ages », *Speculum* , vol. 17, 1942, p. 126—142.

MOOS, P. von, « Muratori et les origines du médiévisme italien », *Romania* , CXIV, 1996, p. 203—224.

NITZE, W. A. , « The So-Called Twelfth Century Renaissance », *Speculum* , vol. 23, 1948, p. 464—471.

NOLHAC, P. de. *Pétrarque et l'humanisme* , 2e éd. , Paris, Champion, 1907.

NORA, P. , *Les Lieux de mémoire* , 3 vol. , Paris, Gallimard,

« Bibliothèque illustrée des histoires», 1984—1992.

NORDSTRÖM, J. , *Moyen Âge et Renaissance*, Paris, Stock, 1933.

PANOFSKY, E. , *Renaissance and Renascences in Western Art* ; trad. L. Verron, *La Renaissance et ses avantcourriers dans l'art d'Occident*, Paris, Flammarion, 1976.

PATZELT, E. , *Die Karolingische Renaissance*, Vienne, Österreichischer Schulbücherverlag, 1924.

« Périodisation en histoire des sciences et de la philosophie», *Revue de synthèse*, numéro spécial 3—4, Paris, Albin Michel, 1987.

POMIAN, K. , *L'Ordre du temps*, Paris, Gallimard, 1984.

POULET, G. , *Études sur le temps humain*, t. I, Paris, Plon, 1949.

POUSSOU, J.-P. (dir.), *La Renaissance, des années 1470 aux années 1560. Enjeux historiographiques, méthodologie, bibliographie commentée*, Paris, Armand Colin, 2002.

RENAUDET, A. , « Autour d'une définition de l'humanisme», *Bibliothèque d'Humanisme et Renaissance*, t. VI , 1945, p. 7—49.

RENUCCI, P. , *L'Aventure de l'humanisme européen au Moyen Âge, IVᵉ—XIVᵉ siècles*, Paris, Lcs Belles Lettres, 1953.

RIBÉMONT, B. (dir.), *Le Temps, sa mesure et sa perception au Moyen Âge. Actes de colloque, Orléans, 12—13 avril 1991*, Caen, Paradigme, 1992.

RICŒUR, P. , *Temps et récit*, t. I, *L'Intrigue et le récit historique*, Paris, Seuil, 1983.

ROMANO, R. et TENENTI, A. , *Die Grundlegung der modernen*

Welt, Francfort-Hambourg, Fischer Verlag, 1967; trad. ital., *Alle origini dell mondo moderno (1350—1550)*, Milan, Feltrinelli, 1967.

SCHILD BUNIM, M. , *Space in Medieval Painting and the Forerunners of Perspective*. New York, 1940.

SCHMIDT, R. , « Aetates Mundi. Die Weltalter als Gliederungsprinzip der Geschichte », *Zeitschrift für Kirchengeschichte*, 67, 1955—1956, p. 288—317.

SCHMITT, J. -Cl. , « L'imaginaire du temps dans l'histoire chrétienne », in *PRIS-MA*, t. XXV/1 et 2, n° 49—50, 2009, p. 135—159.

SIMONCINI, G. , « La persistenza del gotico dopo il medioevo. Periodizzazione ed orientamenti figurativi », in G. Simoncini (dir.), *La tradizione medievale nell'architettura italiana*, Florence, Olschki, 1992, p. 1—24.

SINGER, S. , « Karolingische Renaissance », *Germanisch-Romanische Monatsschrift*, XIII 1925, p. 187 *sq*.

TALLON, A. , *L'Europe de la Renaissance*, Paris, PUF, « Que sais-je? », 2006.

TAVIANI, P. E. , *Cristoforo Colombo. La Genesi della granda scoperta*, 2 vol. , Navara, De Agostini, 1974.

TOUBERT, P. et ZINK, M. (dir.), *Moyen Âge et Renaissance au Collège de France*, Paris, Fayard. 2009.

ULLMANN, W. , *Medieval Foundations of Renaissance Humanism*, Ithaca-New York, Cornell University Press, 1977.

– , « The Medieval Origins of the Renaissance », in A. Chastel

(dir.), *The Renaissance*. *Essays in Interprestation*, Londres-New York, Methuen, 1982, p. 33—82.

VALÉRY, R. et DUMOULIN, O. (dir.), *Périodes*. *La construction du temps historique*. *Actes du* V *ᵉ colloque d'Histoire au présent*, Paris, Éd. de l'EHESS, 1991.

VINCENT, B. , *1492 « l'année admirable »*, Paris, Aubier, 1991.

J. VOSS, *Das Mittelalter im historischen Denken Frankreichs untersuchungen zur Geschichte des Mittelater Begriffes von der zweiten Hältfer des 16. Bis zur Mitte des 19. Jahrhunderts*, Munich, Fink, 1972.

WARD, P. A. , *The Medievalism of Victor Hugo*, University Park, Pennsylvania State University Press, 1975.

WASCHEK, M. (dir.), *Relire Burckhardt*, Cycle de conférences organisé au musée du Louvre, Paris, École nationale supérieure des beaux-arts. 1997.

WITTKOWER, R. et M. , *Les Enfants de Saturne*. *Psychologie et comportement des artistes de l'Antiquité à la Révolution française*, trad. D. Arasse, Paris, Macula, 1985.

ZORZI, A. , « La politique criminelle en Italie, XIIIᶜ—XVIIᶜ siècles », *Crime, histoire et sociétés*, vol. 2, nᵒ 2, 1988, p. 91—110.

ZUMTHOR, P. , « Le Moyen Âge de Victor Hugo », préface à V. Hugo, *Notre-Dame de Paris*, Paris, Le Club français du Livre, 1967.

– , *Parler du Moyen Âge*, Paris, Minuit, 1980.

"轻与重"文丛（已出）

图书在版编目(CIP)数据

　我们必须给历史分期吗？／（法）雅克·勒高夫著；杨嘉彦译.
--上海：华东师范大学出版社，2017
　（"轻与重"文丛）
　ISBN 978－7－5675－6755－9

　Ⅰ.①我…　Ⅱ.①雅…②杨…　Ⅲ.①世界史—研究
Ⅳ.①K107

　中国版本图书馆 CIP 数据核字(2017)第 192365 号

华东师范大学出版社六点分社

企划人　倪为国

轻与重文丛

我们必须给历史分期吗？

主　　编　姜丹丹　何乏笔
著　　者　（法）雅克·勒高夫
译　　者　杨嘉彦
责任编辑　高建红
封面设计　姚　荣

出版发行　华东师范大学出版社
社　　址　上海市中山北路 3663 号　邮编　200062
网　　址　www. ecnupress. com. cn
电　　话　021－60821666　行政传真　021－62572105
客服电话　021－62865537
门市(邮购)电话　021－62869887
地　　址　上海市中山北路 3663 号华东师范大学校内先锋路口
网　　店　http://hdsdcbs. tmall. com
印 刷 者　上海盛隆印务有限公司
开　　本　787×1092　1/32
印　　张　5.5
字　　数　70 千字
版　　次　2018 年 1 月第 1 版
印　　次　2022 年 7 月第 3 次
书　　号　ISBN 978－7－5675－6755－9/K·491
定　　价　48.00 元

出 版 人　王　焰